"TENGO UN HUESPED.
YO PONGO LAS NORMAS".

Fernando Díez Pablos

Nota a los lectores: Esta publicación contiene las opiniones e ideas de su autor. Su intención es ofrecer material útil e informativo sobre el tema tratado. Las estrategias señaladas en este libro pueden no ser apropiadas para todos los individuos y no se garantiza que produzca ningún resultado en particular. Este libro se vende bajo el supuesto de que ni el autor, ni el editor, ni la imprenta se dedican a prestar asesoría o servicios profesionales legales, financieros, de contaduría, psicología u otros. El lector deberá consultar a un profesional capacitado antes de adoptar las sugerencias de este, la integridad de la información o referencias incluidas aquí. Tanto el autor, como el editor, la imprenta y todas las partes implicadas en el diseño de portada y distribución, niegan específicamente cualquier responsabilidad por obligaciones, pérdidas o riesgos, personales o de otro tipo, en que se incurra como consecuencia, directa o indirecta, del uso y aplicación de cualquier contenido del libro.

Este libro no podrá ser reproducido, ni total ni parcialmente, sin previo permiso escrito del autor. Todos los derechos reservados.

Título: *Yo... positivo*

© 2019, Fernando Diez Pablos

fernandodiezpablos@hotmail.com

Autoedición y Diseño: 2019, Fernando Diez Pablos

Primera edición: enero de 2020

ISBN-13: 978-84-18098-49-9

Depósito legal: 27.329.698-V

La publicación de esta obra puede estar sujeta a futuras correcciones y ampliaciones por parte del autor, así como son de su responsabilidad las opiniones que en ella se exponen.

Quedan prohibidas, dentro de los límites establecidos por la ley y bajo las prevenciones legalmente previstas, la reproducción total o parcial de esta obra por cualquier medio o procedimiento, ya sea electrónico o mecánico, el tratamiento informático, el alquiler o cualquier forma de cesión de la obra sin autorización escrita de los titulares de copyright

Dedicado a ti que has sufrido.
　　　Dedicado a ti que te equivocaste.
　　　　　Dedicado a ti que decidiste avanzar.

Dichosos los que sufren, porque serán consolados

Dichosos los humildes, porque heredarán la tierra prometida

Dichosos los que tienen hambre y sed de justicia, porque serán satisfechos.

Mateo 5:4-6

PRÓLOGO DE LAIN GARCÍA CALVO

El universo entero conspira a tu favor.

Siempre.

Solo que muchas veces somos nosotros mismos que, al no entender los principios, nos vamos por senderos que nos obligan a obtener el aprendizaje.

Cuanto más duro el golpe recibido, más profunda la lección aprendida.

Debes entender, entonces, que todo, absolutamente todo está actuando a tu favor todo el tiempo, incluso cuando crees que no es así.

Las emociones de dolor no son un impedimento, no es algo de lo que debemos huir, es algo que debemos utilizar. El dolor siempre es una llamada a la acción. Es algo así como la vida diciéndote que por ahí no es.

Si aprendemos a escuchar más a nuestra alma, nos pondremos en el carril de vía rápida hacia nuestras mayores bendiciones. No te pido que lo creas, te pido que lo compruebes.

Aprende que DETRÁS DE CADA DESAFÍO SE ESCONDE TU MAYOR BENDICIÓN. ¿No lo crees? Mira atrás. Observa desde la distancia que te da el tiempo, todo aquello que en un momento te pareció lo peor. Si ha pasado el tiempo suficiente, verás que todo fue PARA TI.

Y si todavía no puedes llegar a esas conclusiones, quizás ese hecho necesita más tiempo. Puede que al terminar de leer este libro te convenzas del todo. Mira a otro hecho del pasado en que sí puedes entender este principio.

¡Seguro que tienes muchos!

Pues bien, aprendemos mediante la experiencia, pero lo bueno que tiene el

ser humano es que puede aprender también de la experiencia de otros y utilizarla para llevar su vida a un siguiente nivel.

Si estás en estas páginas no es por casualidad, sino por CAUSAlidad, por sincronicidad, por principio de causa y efecto. Hay algo importante para ti y por eso ha llegado este libro a tu vida.

Aprovéchalo.

Gracias Fernando por escribirlo y gracias a ti, amado lector, por querer leerlo y aprender de él.

GRACIAS GRACIAS GRACIAS.

TE AMO.

LAIN, autor de la saga LA VOZ DE TU ALMA.

www.lavozdetualma.com

AGRADECIMIENTOS

Desde aquí, me gustaría expresar mi agradecimiento, admiración y respeto, a todas aquellas asociaciones que luchan para prevenir, tratar y eliminar el estigma de las personas con VIH y sida en nuestra sociedad.

Encontrarás los enlaces a dichas asociaciones en las páginas de este libro, donde te podrás informar más a fondo acerca de ellas y de sus actividades.

Por otro lado, quisiera expresar mi agradecimiento a ti, lector de este libro, tanto si portas o no el VIH en tu cuerpo, ya que con la adquisición de "Yo…positivo", no solo demuestras que estas sensibilizado con este tema, sino que además, estarás colaborando con dichas asociaciones, ya que el 10% de lo que has pagado por el mismo, será donado a ellas.

Dichas donaciones, serán publicadas en mis redes sociales periódicamente, para que puedas seguir su progreso.

¡JUNTOS SOMOS MÁS FUERTES!

Puedes encontrarme en:

 Fernando Diez Pablos

 Fernando Diez Pablos
@fernando10positivo

 Fernando Diez Pablos
@yo_positivo

LO QUE PIENSAN DE LA OBRA DE FERNANDO

"Hay personas que vienen a esta vida a ser grandes maestros, sin duda Fernando es una de ellas. En esta trilogía, "Crecer o morir", encontrarás una mezcla de superación personal y espiritualidad a través de una historia dura pero absolutamente transformadora. Aunque tus desafíos sean diferentes, te sentirás inmensamente identificado y te ayudará de una forma profunda a encontrar el sentido de todo aquello que te sucede. Magnífico trabajo"

Lidia Alba García, autora de la trilogía "El Diario Dorado de tu Vida"

Leer "Yo...positivo" es como despertar de un sueño, de un sueño de imposibilidades para darse cuenta de la fuerza interior que todo ser humano alberga. Es despertar y darse cuenta de que vivimos con unas creencias en ciertos temas que no han sido actualizadas desde hace décadas y que estigmatizamos al desconocer la realidad actual de personas que, por ejemplo, son portadores del VIH. Leer este maravilloso libro es un baño de realidad que difícilmente podrás ignorar en tu día a día. Fernando lo transmite como vive, con toda su intensidad y con todos sus enormes avances y aprendizajes. Es un libro imprescindible y es de esos que recuerdas para siempre porque sabes que han provocado una transformación en tu interior que te ha ayudado a crecer como persona en todos los ámbitos. Gracias Fernando por este magnífico regalo.

Jose Vicente Gargallo, autor de la trilogía "Las cenizas de Nuestros Padres"

Jamás pensé que pudiese sentirme tan parte del universo como me siento después de leer a Fernando. Claro, profundo, directo, transparente, nítido, sincero, entregado, comprometido y brutalmente veraz. Cada frase, cada palabra, cada emoción, sentida por mí al leerle me eleva a un único lugar: Universo maravilloso y eterno. Amor en estado puro. Compromiso con la humanidad. Perdóname Fernando si no encuentro las palabras que dibujen ti grandeza. Te amo con toda mi alma y eternamente agradecido por aportar esa joya literaria al mundo.

Emili Puig Mena, autor de la Trilogía "La Espiritualidad del Dinero"

"Yo...Positivo" me ha resultado revelador para darme cuenta de que cualquier situación que se me puede presentar en la vida, puedo superarla. Fernando, a través de sus  experiencias nos lo demuestra. Infinitas gracias por ser un ejemplo de superación constante y por haberlo compartido con el mundo.

Sonia Lorenzo Suarez, autora de la trilogía "Tu pasaporte aromático"

 ¿Cuántas veces sentiste que tenías alguien que decidía por ti? ¿Cuántas veces tomaste decisiones por lo que pasaba en tu entorno? TRANSFORMAR TU MAYOR DESGRACIA EN TU MAYOR BENDICIÓN, es la forma para el éxito que nos enseña Fernando, en la "diluviante" historia de su vida. No te vas a quedar indiferente cuando leas su impactante historia. ¡Lo Recomiendo!

Adriana Casonatto, autora de la trilogía 13 (Autoestima, Sexualidad y Espiritualidad)

La vida nos sorprende siempre con situaciones y personas que nos enseñan algo que debemos aprender. Fernando aparece en mi vida con una historia que me deja sin aliento a la vez que me hace entender que todo, absolutamente todo lo que vivimos, lo hacemos porque podemos hacerlo. De lo contrario, no lo viviríamos.

"Yo...positivo", es un libro lleno de agallas, de cobardía y valentía, de premios y recompensas, un revoltijo de sensaciones que te acompañan por el camino de la verdad aunque duela. Hasta que lo superas, porque todo se supera si sigues en esta vida.

Un libro que para nada te dejará indiferente, además de guiarte hacia la mejor salida.

Laura Escribá, autora de la trilogía "Sensaciones"

"Si crees que ya no puedes más, si no ves una salida a tus problemas, piensas que ya no tienes edad para cambiar o simplemente quieres leer una gran historia de superación personal, esto libro es para ti. Fernando Díez te invita a que te conviertas en él por un momento para que despiertes y te des cuenta de que, por muy en el fondo que te encuentres siempre podrás saltar a lo más alto si tienes fé en ti"

Nuria Gareche. Autora de "TÚ SIEMPRE MÁS+"

En esta fabulosa trilogía, "Crecer o morir", Fernando narra magistralmente su experiencia de vida y crecimiento personal. Descubrirás en ella estrategias y fórmulas para transformar tus creencias negativas en creencias potenciadoras y expectativas de éxito, llegando a convertir aquello que parece una desgracia en una gran bendición.

Conoce la vida y resurrección de este gran ser humano, descubre una historia que puede cambiar tu vida.

Javier González, abogado y autor de la trilogía "Bendice tu divorcio"

Fernando es un alma única llena de amor, esperanza y coraje inigualable. En su trilogía, te invita a un viaje hacia dentro de ti mismo a través de su propia historia, nos explica cómo ha podido transformar todos sus monstruos internos en bendiciones y de esta forma poder bendecirnos a nosotros. Es impactante y sanador.

También nos regala determinados ejercicios y preguntas que nos llevan a indagar en lo más profundo de nuestra alma. Es en ejemplo viviente de que si se puede cualquier cosa que nos propongamos. Gracias Fernando por tu fe y coraje.

Elisabete Mota www.elisabetemota.com

En la trilogía "Crecer o morir" de Fernando he descubierto un caso de superación donde hasta los más fuertes pueden su cumbir... Una historia en la cual el Héroe es el propio villano... A través de la energía Sexual en desequilibrio Fernando ha llegado a un estado de casi no retorno pero elevó su pensamiento y encontró sus respuestas, venició a sus diablos, mató a sus demonios, perdonó a su culpalilidad y renació de las cenizas como el ave Fénix!

Es una lectura de fuerza, debilidad, espiritualidad y poder. Gracias Fernando por compartir tu experiencia! Recomiendo su libro al 100 x 100.

Adriana Lara, autora de la trilogía "El Poder de tu SSexo"

Fernando en su trilogía "Crecer morir" nos acompaña a ver cómo puedes convertir, lo que a priori es la mayor desgracia de tu vida, en una bendición, y podamos ver el aprendizaje que esconden los acontecimientos traumáticos. El autor nos muestra como nosotros podemos también superar cualquier desafío que se nos plantée en la vida y nos acompaña a través de sus libros a que podamos coger nuestras dificultades y usarlas de trampolín para impulsarnos. Gracias Fernando por aportar tanto valor al mundo.

Angie: Autora de la trilogía ¡MEDITA!

"Crecer o morir" es una profunda trilogía escrita por Fernando, una persona resiliente con todas las letras. A través de las propias experiencias del escritor y a través de su metodología harás un profundo viaje a tu interior y descubrirás (entre otras muchas cosas) que todo lo que te ocurre en la vida (sobre todo lo "malo") pasa por un motivo superior, pasa por una razón, aunque en el momento no seas consciente de ello. Libros que están llenos de enseñanzas y que te ayudarán a transformar tu vida de manera positiva y significativa.

Yo he decidido crecer. ¿Y tú? ¡No te los pierdas!

Esther López Pou, autora de la trilogía "Vibra y Brilla"

La trilogía "Crecer o morir" "tiene una mezcla de ¡TODO! Te hace sentir, estremecer, reír, llorar y sobre todo estar más consciente de lo que verdaderamente importa TU MISMO. El mensaje del autor es brutal y su historia apasionante. Millones de gracias Fernando.

Carolina Castro, emprendedora

ÍNDICE

¿ES ESTE UN LIBRO PARA TI?. .25

ANTES DE COMENZAR. 27

CAPÍTULO 1. HAY ANGELES ENTRE NOSOTROS. 37

CAPÍTULO 2. MI REFLEJO EN EL ESPEJO. 49

CAPÍTULO 3. EL DESPERTAR DE LA CONSCIENCIA . . .57

CAPÍTULO 4. LA METAMORFOSIS. 71

CAPÍTULO 5. MI DECISIÓN 91

CAPÍTULO 6. EL SECRETO. 99

CAPÍTULO 7. LA CONFIRMACIÓN. 121

CAPÍTULO 8. MI IGNORANCIA. 129

CAPÍTULO 9. PRIMERAS SEMANAS TRAS
EL DIAGNÓSTICO. 139

CAPÍTULO 10. VIDA SOCIAL TRAS EL
DIAGNÓSTICO. 155

CAPÍTULO 11. MI LUGAR DE TRABAJO:
QUIRÓFANO 165

CAPÍTULO 12. EL INICIO DEL TRATAMIENTO. 179

CAPÍTULO 13. VUELTA A EMPEZAR 189

CAPÍTULO 14. LA RENDICIÓN, EL PRINCIPIO
DE LA ACEPTACIÓN. 197

CAPÍTULO 15. EL PODER DE LAS PALABRAS 209

CAPÍTULO 16. LA FOTO DE MI VIDA 227

CAPÍTULO 17. LA GRAN REVELACIÓN: TODOS NECESITAMOS LA AYUDA DE LOS DEMÁS..........231

CAPÍTULO FINAL. VIH VS SIDA 247

MI RECOMENDACIÓN............................259

¿ES ESTE UN LIBRO PARA TI?

Si das por hecho que este va a ser un libro donde me perderé hablando, con terminología médica y científica acerca de lo que es el VIH y como actúa este virus en el cuerpo humano, te decepcionará.

Si crees que este libro va tratar de explicarte cómo funciona el nuevo coctel de antirretrovirales (TAR), en su lucha por detener la multiplicación del virus, hasta llevarlos a niveles de ser "indetectable", en la persona que como yo los hospeda, te desengañará.

Si piensas que este libro va a hablarte acerca de la profilaxis pre-exposición (PrEP) o tratamiento accesible para las personas que no portan el VIH puedan estar protegidos contra su transmisión, me temo que este libro, no es para ti.

Por el contrario…

Si supones que este libro habla acerca del esfuerzo y superación personal que nos lleva al autoconocimiento o que trata sobre la espiritualidad bien entendida y como aplicarla en tu vida de una forma sencilla y natural, estarás en lo cierto y este libro es para ti.

El libro que tienes en tus manos puede, si tú le das la oportunidad, cambiarte la vida por completo porque te hablará acerca de cómo transformar nuestras nefastas experiencias, en bendiciones.

Si te interesa como poder conseguir pasar de la noche oscura de nuestros pensamientos y sentimientos, a la iluminada claridad de la esperanza en tu vida, este volumen es para ti. Tienes en tus manos la oportunidad de saber cómo conseguirlo y "Yo…positivo" te dará las claves para ello.

Solo tienes que estar abierto y darle la oportunidad de que te transmita su mensaje.

¿Es este un libro para ti?

Como en todo: ¡tú decides!

ANTES DE COMENZAR

Me gustaría, por supuesto con tu premiso estimado lector, aclarar tres puntos de los que estoy seguro tú te darás cuenta:

1.- Utilizo el género masculino para dirigirme al público en general y en particular para referirme a ti, lector de este libro. No es mi intención ser machista con ello, que no lo soy para nada. Tampoco lo hago porque este sea un libro escrito solo para hombres, ¡no, en absoluto! Lo hago porque en nuestro idioma, el género dominante lingüísticamente hablando es el masculino, como ya seguramente sabrás. No pretendo con ello, reavivar un debate sexista ni herir la susceptibilidad de nadie.

Pido disculpas si alguien se siente ofendido por ello.

Espero, y confío, que esto no sea un argumento para que el mensaje que pretende trasmitirte este libro sea menospreciado por ti.

2.- Observarás que utilizo mucho expresiones como: "Me di cuenta de..." "Supe que..." Entendí que..." "Vi claramente que..." "Comprendí que..." etc., créeme que he intentado evitar el repetirme buscando sinónimos que expresen lo mismo y esto tiene una explicación:

Aparte de ser graduado en enfermería, a lo que me dedico en la actualidad, cuento con formación como terapeuta en psicología humanista, adquirida durante la etapa de mi vida donde trabajé en **Proyecto Hombre de Málaga**, después de mi primera rehabilitación a la heroína en dicho centro. Trabajaba allí, ayudando a las personas que querían salir del mundo de la droga y a sus familias. Mi formación en psicología humanista se inició en Italia, concretamente en Castengandolfo, lugar donde Proyecto Hombre, en sus orígenes, impartía su instrucción a los futuros "operadores", como se nos llamaba familiarmente en su centro de Málaga. Más adelante, durante un periodo de más de tres años, amplié esta formación, en el **Centro de Psicología Humanista de Málaga.**

Te dejo los enlaces de ambos centros, por si te interesa y quieres más información:

- Proyecto Hombre Málaga

    https://www.proyectohombremalaga.com/

- Centro de Psicología Humanista de Málaga

    http://www.cenpsihu.com/

La terapia humanista se caracteriza por su intención de favorecer el crecimiento del potencial de los seres humanos. Bioenergética, PNL (Programación Neuro Lingüística), Eneagrama, son algunas de sus psicoterapias, destacando la Gestalt, terapia, puede que tu ya lo sepas, que lo que pretende es ayudar a las personas a superar los síntomas negativos en sus vidas, liberarse del conjunto de bloqueos que se tengan para ser un individuo más libre y con el objetivo del crecimiento y la autorrealización personal.

La Gestalt se basa en tres pilares fundamentales:

- El dase cuenta. Tomar consciencia.
- Vivir el aquí y ahora.
- La toma de responsabilidad del propio proceso

Y eso es precisamente lo que yo empecé a hacer durante este proceso de transformación personal y que descubrirás durante la lectura de este libro.

- Darme cuenta de lo que me estaba ocurriendo, ser consciente de ello y actuar en consecuencia.
- Vivir en el momento presente.
- Aceptar que yo era el cien por cien responsable de lo que me ocurría.

Espero que ahora me haya explicado con claridad y se entienda mejor porque repito tanto los sinónimos que te dije al principio de este punto.

3.- DIOS VERSUS UNIVERSO

Este punto es la piedra angular de mi transformación y puede que de la tuya también.

Cada uno de nosotros, aún perteneciendo a la misma religión, interpreta a Dios a su manera. Por ello, cuando te hable de Él, no me refiero al dios de la religión católica o musulmana o budista o etc. Por lo que te pediría, borraras de tu mente la imagen de dios que nos han transmitido en nuestra cultura judío cristiana que nos ha hecho, a mi juicio, más daño que bien, por lo menos a mí. Había algo en ese dios que yo conocí de la iglesia católica, de la mano de su sacerdocio, que no me cuadraba, incluso me incomodaba y hacía que lo rechazara, llegando a sentir que yo era "un bicho raro" por mi atracción hacia los hombres.

En el segundo y tercer libro que forman esta trilogía, ("El Espejo" y "Más allá de El Espejo"), me extenderé más detenidamente hablando sobre ello y donde, abriendo mi corazón, te contaré las experiencias que yo viví como miembro de la iglesia católica y verás más claro, el por qué llegué a sentirme de esa manera y pudiera ser, que tú te sientas identificado.

Como te decía, por el hecho de ser homosexual, según la "santa madre iglesia" era un pecador, razón por la cual, era apartado de su rebaño, con lo que aún me sentía peor. Puede, querido lector, que esto o algo parecido, también te pueda haber pasado o te este pasando a ti: No entendía como un dios que es amor y que nos ama tanto a todos nosotros, podía permitir que yo, como hijo suyo que soy, hecho a su imagen y semejanza; pudiera ser rechazado por su iglesia.

¡No!

No me gustaba ese dios y sigue sin gustarme ni convencerme a día de hoy. Ese dios no es justo. Ese dios del que hablaban en cada misa a la que iba, era incoherente y por supuesto, ese dios no era amor por mucho que "sus siervos" trataran de convencerme de lo contrario. No fue hasta que me di cuenta, que el dios del que me habla la iglesia católica, no es el Dios que yo descubrí posteriormente y en el que creo, por eso, también me gusta llamarlo Universo, se acerca más al concepto que yo tengo de Él.

Yo no me considero cristiano, ni acepto ninguna religión, pero sí creo en las enseñanzas de Jesucristo, Buda o Mahoma: Todos hablan de que el amor, la gratitud, el perdón y la contribución son las fuerzas que mueven el Universo.

Diferentes grandes maestros, diferentes zonas del planeta, diferentes tiempos y un mismo mensaje... ¿Casualidad?

No lo creo, ¿y tú?

Centrándome en la iglesia católica, que es donde tengo mis raíces, estarás de acuerdo conmigo, que fueron los que precedieron a las enseñanzas de Jesús, después de su muerte y resurrección, los que la crearon.

¡Personas como tú y yo!

Personas, como tú y yo, fueron los que hicieron una interpretación no del todo exacta, o sea errónea, del mensaje de Jesús. A mi modo de ver, lo manipularon a su antojo creando una institución de poder que durante años, siglos más bien, nos ha amenazado con el temor al pecado e inculcándonos el miedo a la condena eterna después de la muerte, atemorizándonos con un infierno que no existe, para someternos e impedirnos tener otra posibilidad de salvación más que con la que ellos nos limitan, impidiéndonos ser libres y brillar.

Me gustaría que tuvieras en cuenta que cuando hablo de iglesia católica, me estoy refiriendo a ella como institución.

¡Iglesia somos todos!

Me consta que dentro de la iglesia, la iglesia católica, hay personas de muy buena voluntad y que actúan desde el amor.

¡No es mi intención ofender a nadie!

Mis experiencias de vida y posteriores hallazgos, tras años buscando respuestas, originaron las reflexiones a las que he llegado y que se han convertido en mis convicciones, originando mis nuevas creencias, que te transmito a ti con la humildad, no de convencerte, que por otro lado no podría aunque quisiera, sino con el propósito de que pienses en ello y seas tú el que llegue a tus propias conclusiones.

Dicen que: "Nadie aprende en cabeza ajena", pero también dicen: "Cuando veas las barbas de tu vecino cortar, pon las tuyas a remojar".

Como siempre: ¡Tú decides!

Date la oportunidad, abre tu mente, siempre puedes decidir quedarte dónde estás pero, piensa en esto...

¿Y si lo que vas a leer en este libro, en esta trilogía, fuera verdad y con ello pudieras cambiar tu vida para siempre, llevándola a un nivel superior?

Por ello, te pediría que no mates al mensajero, lee su mensaje y juzga luego por ti mismo.

No es a mí a quien tienes que creer.

¡Es a ti, en quien tienes que creer!

Tienes que creer en ti y este libro y yo mismo, te ayudaremos a conseguirlo si nos lo permites.

Agradezco a mi maestro y mentor Laín el haberme ayudado a "abrir los ojos" y descubrir un nuevo sentido de la espiritualidad y de Dios.

Me sentiría muy honrado, si yo en ti, causara un efecto similar.

¡Todo depende de ti!

Por otro lado debo añadir, que así como te he contado acerca del daño que me hizo la iglesia católica en el pasado y confesándote un secreto...

¡Hoy en día, le doy las gracias a la iglesia católica!

A día de hoy, siento un enorme agradecimiento a la iglesia católica, porque me hicieran sentir pecador y el dolor que causó. Reconozco y valoro el gran esfuerzo que pusieron para que en cada misa a la que asistiera, religiosamente los domingos y fiestas de guardar, me hicieran creer que yo no era digno de que "Él entrara en mi casa". Le doy las gracias, por todas las veces que me obligaban a confesar, "mis pecados", ante un señor, un cura, una persona que no me inspiraba la menor confianza y que no tenía a menudo, ni el placer de conocer. Le agradezco que me expulsara del rebaño y el sufrimiento que ello causó porque, sin esa aflicción, sin esas lágrimas, me hubiera conformado y no hubiera crecido ni espiritual ni personalmente; sin ese pesar, hubiera sido un cordero de dios más en el redil, sin atreverme a cuestionar ni buscar respuestas, sobre que es la espiritualidad o cuál era mi misión en esta vida.

En definitiva, aplaudo, a la que se autoproclama santa madre iglesia católica, lo que provocó en mí, para llegar a ser, lo que hoy en día soy.

Aclarado este punto, ahora me siento más libre de utilizar Dios o Universo indistintamente, porque tú ya sabes a que me refiero con ello.

Pero continuemos, tengo muchas cosas que contarte.

¿Me acompañas?

Voy a revelarte mis secretos, rompiendo los límites obsoletos que mi mente me imponía.

Voy a desnudar mi alma y abrir mi corazón, confiando en ti.

Todo esto, con la única intención de ayudarte amado lector.

¡Gracias a todos y a todas por vuestra comprensión.

Espero, de corazón, que disfrutes de este viaje que estas a punto de comenzar.

CAPÍTULO 1

HAY ÁNGELES ENTRE NOSOTROS

Un día lluvioso, no hace mucho, iba caminando por la calle, cuando me tropecé con un joven que estaba sentado, sobre un cartón, en el mojado suelo. Llevaba puesto un chubasquero azul con el que se resguardaba de la lluvia, la eterna lluvia que en Inglaterra convierte la primavera, en un segundo otoño. No es extraño ver a gente pidiendo unas monedas por las calles del centro, a los peatones que se apresuran en sus compras, por lo que en un principio, no le presté especial interés; pero al ir acercándome, pude observar en él, algo diferente y a la vez extraño: Me llamó la atención que entre sus manos, sostenía un libro que me resultaba familiar. Por la angosta calle que atravesaba, no podía esquivar su encuentro, así como tampoco evité, fijarme en él, cuando al pasar por su lado, transmitiendo humildad en su mirada, me sonrió. Como un resorte mi mente saltó y me puse en alerta al pensar que iba a pedirme algo; pero él, penetrándome con sus ojos, se limitó a darme los buenos días.

Yo, en un halago de indiferencia, pasé de largo apresurando mi paso, como si tuviera miedo…

Tenía miedo, pero miedo… ¿de qué?

Tenía clavada su mirada de azul intenso color y puedo decir que pura. En un instante, un escalofrío recorrió mi cuerpo al recordar que yo, algunos años atrás, también estuve en la calle, tirado en el suelo, mendigando unas monedas a los transeúntes con las que apaciguar al gigante que recorría mis venas y reclamaba su dosis. Fue entonces que entendí, a que tenía miedo cuando aceleré el paso:

¡Tenía miedo de mi mismo!

¡El me hizo de espejo!

Ese muchacho…

¡ERA YO!

Me sentí hipócrita y falso.

¿Cómo había sido capaz de olvidarme de aquello?

No pude seguir adelante en mi caminar y retrocedí sobre mis pasos. Acercándome a él, le pregunté que como estaba y con una sonrisa que iluminaba su cara, me contestó que estaba bien. No salía de mi asombro, se veía claramente que era una persona que vivía en la calle, un "homeless" como se les etiqueta aquí en UK y sin embargo, decía que estaba bien, no solo lo decía, sino que también, así me lo transmitió con todo su ser. Al interesarme por el libro que estaba leyendo, él confirmó mi sospecha: "La Biblia", me contestó. Estaba asombrado y a la vez intrigado, por lo que le cuestioné, ¡arrogante de mí!, si entendía su mensaje; y con una sonrisa en sus labios que parecía llamarme lo que merecía, me dijo que sí, añadiendo a continuación que su madre desde bien pequeño se lo leía a menudo y que ahora que se había ido, releer sus páginas, le hacía sentir que ella, estaba a su lado. De repente, me entraron unas enormes ganas de ayudarlo, desde la superioridad que sentía por estar en una situación aparentemente mejor que la suya, y le pregunté que si necesitaba algo, si podía ayudarle de alguna forma o manera. Su respuesta me dejó perplejo: "¡Gracias señor! No necesito nada, tengo todo lo que puedo desear: ropa de abrigo que me protege del frio y de la lluvia, comida en mi mochila y este libro que tanto me ayuda". Le miraba a los ojos y podía sentir que lo que me estaba diciendo era la verdad, su mirada era limpia y sus palabras templadas. Tan sincero fue, que me hizo sentir incluso ridículo. No obstante, le di las monedas que llevaba, más por acallar mi conciencia que por ayudarle, y me despedí.

No le pregunté por su nombre, tampoco yo le dije el mío, no hicieron falta esa clase de formulismos para que la conexión que sentí con él, fuera... ¡BRUTAL!

Pasé todo ese día pensando en lo que este joven me había dicho. Este "homeless", me había dado una de las lecciones más impresionantes de mi vida: Yo, metido en la vorágine del consumismo, siempre pensando que el dinero no me alcanza para pagar todas mis facturas y siempre queriendo tener más y más, deseando llegar a final de mes para recibir mi salario y continuar así con mi tortura; me di cuenta que nunca estaba contento y este chico con lo poco que tenía, transmitía que era feliz pues en ningún momento se victimizó por su situación ni culpó a nadie por ello.

Al día siguiente fui a buscarlo, decidido a saber más acerca de él…

Misma hora, mismo lugar y allí estaba él, con su chubasquero azul, su mochila y ¡cómo no!, leyendo su amado libro, única herencia recibida de su difunta madre. Me acerqué donde estaba y al preguntarle que si me recordaba, dijo que sí, que yo era el señor que ayer se paró a hablar con él. Me agaché de cuclillas a su lado y estuvimos hablando un buen rato... luego me marché, con la intención de volver al día siguiente y continuar con nuestra conversación, no sin antes preguntarle nuevamente, si necesitaba algo. Él, con igual humilde sonrisa, volvió a darme similar respuesta que el día anterior: "¡Gracias señor!, pero no me hace falta nada, tengo todo lo que necesito".

Traté de buscarlo días posteriores para saber más de él y nunca más lo encontré. Sentí angustia por si algo le había ocurrido y después, una sensación de tranquilidad recorrió mi cuerpo: Él estaba más cerca de Dios de lo que yo había estado en toda mi vida y si Dios estaba con él... ¿quién estaría en su contra?

O...

¿Tal vez se trataba de un Mensajero de Dios que quería transmitirme un mensaje?

Era un Ángel, no me cabe duda y este encuentro marcó un antes y un después en mi vida, al darme cuenta que, aunque yo tenía una casa donde estar protegido en las noches frías de invierno, también tenía una hipoteca que me ataba a un trabajo que si bien es cierto me apasiona, por otro lado me hace ser esclavo del salario que recibo. Vi claramente que mi vida se acababa el día veintitantos de cada mes, dedicándome a sobrevivir hasta la llegada de la próxima paga.

Reconocí que yo no era feliz y que me pasaba la mayor parte de los días malhumorado, como enfadado con el mundo y que estaba solo, por mucha gente que tuviera a mi alrededor, siempre me sentía solo.

Este chico con su chubasquero azul, su mochila y su amado libro, era más feliz de lo que yo había sido nunca, con todas las comodidades que durante años había luchado por conseguir.

Este joven "homeless" hizo desestabilizar mi escala de valores.

Comencé a sentirme inquieto al pensar que:

¿Quién me creía yo, para posicionarme en un plano superior a él, como lo hice en nuestro primer encuentro?

Venían a mi mente imágenes de mi pasado que me hacían cuestionarme:

¿Qué sentido tiene mi vida?
¿Qué estoy haciendo con ella?
¿Estoy viviendo la vida que quiero vivir?
¿Qué legado voy a dejar en este mundo, a mis hijos, cuando me vaya?

Preguntas, que necesitaban de respuestas.

Interrogantes, que me hacían sentir incomodo y que trataba de evitar.

Cuestiones, que puede que tú, en algún momento de tu vida, también te hayas hecho mi querido lector.

Vi en ese joven sin hogar mi reflejo y me hizo recordar.

Todo comenzó a aclararse a medida que fui mirando hacia mis adentros y re-descubrir, lo que un día quise olvidar.

No me cabe ninguna duda de que el encuentro con este muchacho no fue casual.

Haciendo balance de mi vida, comprendí que había pasado la mayor parte de ella, aparentando ser quien no soy, con tal de ser aceptado. Pude sentir el peso de la culpabilidad que cargaba a mis espaldas y como su pesada carga me impedía, siquiera pensar, lo que realmente a mí me gustaría hacer. Me di cuenta, que mis errores y las culpas, bloqueaban y enmudecían a mi voz interior, el alma que todos llevamos dentro, no llegando a entender lo que me susurraba, desde hacía mucho tiempo, sobre Dios y lo que quería de mí.

¡Me sentí un cobarde!

He tenido y también superando, situaciones difíciles en mi vida a las que erróneamente llamaba calamidades, fatalidades que además, no era capaz de reconocer; siendo consciente de ello o no, las ocultaba al mundo y lo peor de todo, trataba de ocultarlas a mí mismo. Te las iré desvelando tal y como sucedieron en esta trilogía, pero como adelanto te diré que han hecho que empezara desde cero, o menos diez, o tal vez menos cien, más de una vez en mi vida.

Mis "calamidades", las interpretaba como señales de que yo era una persona maldecida, nacida para sufrir y así lo aceptaba, preguntándome el por qué siempre me ocurrían a mi esta serie de infortunios. Me veía como un ser marcado por la desgracia como destino, que lo único que pretendía era ser igual que los demás, pero...

¿Y si yo no soy igual que los demás?

Caí en la cuenta de que me estaba haciendo la pregunta equivocada y en vez del: ¿Por qué a mí?, con el que me culpaba y victimizaba, rectifiqué mi error y me atreví a cuestionarme: ¿Para qué a mí?

¿Qué finalidad han tenido y tienen todas mis vivencias?
¿Que tenía que aprender que aún no había aprendido?

Como una revelación, los recuerdos empolvados en algún rincón, acudieron a mi memoria. Recordé, entre muchos, que la mejor época de mi vida, en la que yo me sentí plenamente realizado, fue cuando, después de rehabilitarme de mi adicción a la heroína por primera vez, me dediqué a trabajar ayudando a los nuevos residentes que llegaban al centro a superar su adicción.

Como un flash vino a mi mente, algo que creía que ya sabía, pero que por puro egoísmo, había olvidado:

Eso es: dar, contribuir, ¡ahí está la clave!

Decidí dejar de ver como desgracias mis experiencias y empecé a darles un nuevo sentido cuando acepté que tenían una finalidad. Entendí en esta retrospección que estaba haciendo, que cada una de esas situaciones escondía un mensaje, no solo un aprendizaje, sino un mensaje que Dios o el Universo me avisaba de que yo había sido elegido para difundir al mundo su mensaje, sin poder explicar el cómo, porque lo sentí a modo de pura intuición… como una revelación… llegué a la conclusión, de que mis desventuras eran obstáculos para probar mi fe, con el objetivo de afrontarlos y superarlos. Siéndote sincero mi amado lector, sentí miedo cuando descubrí, que todo este proceso tenía por finalidad transmitir mis experiencias y compartir mis aprendizajes. También te confesaré que me asusté, me asusté mucho al comprender, que sería muy egoísta si se lo negaba al mundo.

Mis "calamidades" en realidad eran…

¡PRUEBAS DE FE!

CAPÍTULO 2

MI REFLEJO EN EL ESPEJO

A los pocos días de mi encuentro con aquel muchacho, una noche que me encontraba delante del espejo y haciendo la tarea rutinaria de cepillarme los dientes, observé un suceso extraordinario que me llamó mucho la atención: Me di cuenta, que no podía mirarme directamente a los ojos sin evitar desviar la mirada. Sorprendido por este descubrimiento, decidí hacer una prueba y me obligué a sostenerla y observar que ocurría. Mi cuerpo se estremeció cuando comprobé que no podía mantenerla más de tres segundos seguidos sin desviarla. Lo intentaba una y otra vez, pero era incapaz de hacerlo.

¿Te ha pasado a ti alguna vez?

Automáticamente mi mente entró en juego y me dije que aquello no tenía sentido y me fui a dormir. Estando en la cama, no podía evitar el pensar por qué había sentido aquella especie de rechazo hacia mí mismo. Ante aquella inquietud que no me dejaba dormir, di un salto y me miré otra vez al espejo, decidido a observar que ocurría. La reacción de verme no me gustaba en absoluto.

¿Qué me estaba ocurriendo?

Llevaba años mirándome en el vidriado, al menos dos veces al día, y nunca había tenido antes esa sensación de rechazo ante mí reflejo.

¿Realmente me estaba rechazando?

No me considero un "Adonis" pero tampoco soy tan desagradable de mirar como para no soportar ver mi imagen reflejada. No se trataba de nada físico, era algo más profundo, algo más intenso que surgía desde las profundidades de mi ser. Asombrado e intrigado por el descubrimiento, los días posteriores volví a realizar la misma hazaña obteniendo el mismo resultado.

¡No me gustaba lo que veía, me sentía incomodo!

Las preguntas resonaban en mi cabeza:

¿Por qué me estaba ocurriendo esto?
¿Por qué ahora, justo después de mi encuentro con aquel muchacho "homeless"?

Entendí, no sé muy bien como sucedió, que aquella persona que tenía delante de mí, en el espejo, en realidad…

¡No era yo, no era mi autentico yo!

Intuí que no me aceptaba porque tenía muchas cosas guardadas y olvidadas en algún rincón perdido de mi mente, que me negaba a reconocer.

Vi que tenía muchos secretos.

Igual que no puedes ver el corazón tierno de una cebolla al estar cubierta por una piel dura y oscura, así me sentí: Los secretos me cubrían y tapaban, más bien atrapaban, lo más puro de mi ser. Secretos que ante mi mismo no quería reconocer y mucho menos, poner en evidencia delante de los demás. Secretos, guardados bajo siete llaves, en lo más profundo de mi ser que me estaban estrujando el corazón y acallando mi alma.

Comprendí, supe, vi claramente que lo que tanto me esforzaba en guardar, era lo que hacía que viviera en el pasado continuamente y no me permitía avanzar.

¡El pasado era mi residencia!

Mis errores eran la carga pesada que se manifestaba siempre como sentimiento de culpabilidad y que me hacían sentir inferior al resto, como muy pequeñito, y que no me dejaba avanzar hacia un futuro prometedor, por mucho que me esforzara en ello. ¡Y créeme que me esforzaba!, pero el esfuerzo que estaba haciendo para que esos secretos no salieran a la luz, era lo que me anclaba en el pasado, en la culpa, en la inferioridad.

Pude comprender, que esos secretos eran los que me impedían por ejemplo, tener amistades, ya que en mi afán de negarlos y ocultarlos, mostraba una cara al mundo de alguien que realmente no era yo. Me quedé paralizado cuando caí en la cuenta, de que esa imagen que enseñaba al exterior, en realidad escondía un miedo, el miedo al rechazo.

¡Yo no me aceptaba y era el primero que me rechazaba!

Acompañado de un escalofrió que recorrió todo mi cuerpo, reconocí claramente, que estaba solo, que por mucha gente que tuviera a mi alrededor, siempre me sentía solo en esencia.

¡Me sentí, otra vez... un cobarde!

Como la cebolla, me había envuelto en capas oscuras para proteger mi corazón del sufrimiento.

¡Tenía que liberarme de esa carga!

Como en una especie de revelación entendí, en un instante, que si realmente quería tener una vida plena y feliz, debería liberarme de los secretos que guardaba y me asfixiaban aunque ello supusiera estar expuesto a ser aceptado o no por los demás. Tenía que liberarme de esta mochila tan pesada y que cargaba con vergüenza si quería avanzar en mi vida.

Mi autoestima estaba basada en una mentira que ni yo mismo sabía discernir la realidad de la ficción inventada por mi mente, para protegerme del dolor y la vergüenza que sentía por mis acciones en el pasado.

¿Realmente me importaba tanto el concepto que los demás tuvieran de mí como para vivir la gran mentira que había construido a mi alrededor?

Y por otro lado, si yo no era capaz de aceptarme a mí mismo, sin máscaras...

¿Cómo podía esperar que los demás me aceptaran?

Y si era aceptado...

¿A quién aceptaban?

Desde luego no a mí, más bien aceptaban la mentira que yo les estaba vendiendo ya que solo dejaba ver de mi lo que quería que se viera y que consideraba como triunfos.

Secretos y más secretos que se levantaban como muros a mi alrededor, barreras creadas por mi mente, que si bien me protegían de agresiones externas como el rechazo, también me estaban impidiendo disfrutar de una vida plena.

Solitario, con el ceño fruncido y la sonrisa borrada de

mi cara, siempre estaba cansado, muy cansado. Y es que fingir cansa, ser quien no eres agota, debilita y nos encoje, no dejándonos crecer.

Me volví a mirar a los ojos y me entraron ganas de vomitar al preguntarme que si era esa la clase de vida que quería vivir para el resto de mis días.

Respire profundamente y me dije:

¡No y mil veces no!

CAPÍTULO 3

EL DESPERTAR DE LA CONSCIENCIA

Las experiencias que he mencionado en los dos capítulos anteriores ocurrieron en un breve periodo de tiempo. Yo, en lugar de ignorarlas y seguir adelante con mi vida, buscando cualquier tipo de evasión para no agobiarme con mi monologo interno, decidí plantarle cara y humildemente aceptarlas como señales que Dios, o el Universo, me enviaban para que abriera mi mente a una nueva posibilidad.

La posibilidad de avanzar, de crecer, de expandirme como persona para que despertara a un nuevo estado de consciencia.

En otras ocasiones, hubiera recurrido a la evasión efímera que encontraba en el sexo esporádico o anteriormente al espejismo que produce el consumo de drogas para no "romperme la cabeza" y con ello no afrontar mi realidad. Pero en esta ocasión fue distinto, la señal era tan potente que ni el sexo ni las drogas iban a evitar que me enfrentara a mí mismo.

Entendí que tenía que poner fin a mi pasado para que surgiera quien yo soy en realidad, mi verdadero yo.

Dicho de otra manera: Supe que no podía seguir haciendo lo que hasta entonces había estado haciendo y que me había llevado donde estaba.

¡No me gustaba donde me encontraba!

Había conseguido ser enfermero con mucho esfuerzo, empecé a estudiar con cuarenta y cinco años y terminé el grado a los cincuenta, edad con la que me mudé a Inglaterra para conseguir trabajar donde deseaba, en quirófano, dominando el inglés, asignatura que siempre fue mi talón de Aquiles en España. Había conseguido también tener mi propia casa en Reino Unido, la obtuve a base de ahorrar duro, privándome de muchas cosas que consideré no imprescindibles y así, conseguir reducir la hipoteca a una mensualidad que pudiera permitirme pagar. Disfrutaba de tener mi propio coche, lo que me otorgaba autonomía. Me había esforzado mucho en conseguir todo lo anterior y lo valoraba, ¡claro que lo valoraba!, y aún lo valoro, ¡por supuesto que lo valoro!, pero no era suficiente, aún así, me sentía vacío e insatisfecho.

No me gustaba la persona en quien me había convertido a pesar de tener lo que había conseguido.

Estaba harto de pensar de la manera que había estado pensando hasta entonces, viendo siempre la parte negativa de las situaciones y de las personas, con el ceño fruncido y casi siempre de mal humor; gruñendo por todo y sin motivo, solitario y casi aislado del mundo como lo está un ermitaño.

Siempre criticando y comparándome con los demás, sintiéndome inferior por ello pero a la vez compitiendo y tratando de superar a todos, ser mejor que nadie y siempre decepcionado porque no podía conseguirlo ya que siempre, había alguien mejor que yo.

No podía, ni tampoco quería, seguir recurriendo al sexo o la droga para evadirme de la frustración que me producía todo lo anterior, porque más soledad, vacio y frustración sentía.

Definitivamente no me gustaba en quien me había convertido... me di cuenta que todo eso me hacía daño, me enfermaba y me hacia envejecer.

¿Conoces a alguien así?

Haciendo un breve paréntesis en mi relato y siempre contando con tu permiso mi amigo lector, ahora que leo lo que estoy escribiendo, no me extraña que estuviera solo.

¿Quién quisiera estar con alguien así?
¿Quisiera yo estar con una persona tan negativa como yo era?

Seguramente que en aquellos momentos, sí, aunque solo fuera por tratar de rellenar mi vacio y dejar de sentir la soledad que sentía al no tener a nadie a mi lado, y me refiero a pareja. Sin embargo, hoy en día te confieso que rotundamente diría: **¡NO!**, a ese tipo de persona. Huiría como de la peste, como se dice coloquialmente, de relacionarme sentimentalmente con una persona tan negativa como yo era.

Pero puede que tú estés pensando: ¡Que egoísta eres Fernando!, y yo te lo respeto, si eso es lo que piensas, pero déjame preguntarte algo:

¿Realmente es egoísta respetarse y amarse a uno mismo?

Jesús dijo: "Ama al prójimo como a ti mismo", en ningún momento dijo que amaramos a los otros más que a nosotros mismos y hoy en día me amo. En la actualidad, me amo lo suficiente como para decir si, si tengo que decir si, pero también me amo lo suficiente como para decir no, si tengo que decir no, sin sentirme culpable por ello.

Si lees detenidamente lo que anteriormente escribí: "Huiría como de la peste, como se dice coloquialmente, de **relacionarme sentimentalmente** con una persona tan negativa como yo era", o sea, tener una relación de pareja, lo que implica, sueños y metas en común, sentimientos entrelazados, planes de futuro juntos y ¡cómo no! intercambios de ciertos fluidos corporales. Espero y confío haberme explicado con claridad.

Lo que eso no implica que, si esa persona está en disposición de cambiar y, lo más importante, quiera cambiar de verdad; cuente con mi ayuda para ello, tal y como yo conté con ayuda cuando la necesité pero no me involucraría en una relación de pareja así, sería una relación toxica, una relación de dependencia que no de interdependencia. Sería una relación destinada a sufrir y destinada a la ruptura.

¡Cuidarse, no es egoísta!

Esta sería hoy en día mi decisión. **¡NO!**

Te contaré, más adelante, experiencias que he tenido al respecto para que se entienda mejor esto que estoy adelantándote y tratando de explicar ahora. Será más adelante en este libro y en los otros dos que juntos, forman esta trilogía. Verás en ellos claramente por qué una y otra vez repetimos los mismos patrones, hasta que tú dices:

¡Basta!
¡Estoy harto de esta situación!
¡He tocado fondo!

Es, en ese momento de quiebre, cuando ves que no puedes más, cuando tomas una decisión de verdad y decides cambiar. No te preocupes, a medida que vayas avanzando páginas sabrás como puedes hacerlo tú también, te pido que seas un poco paciente y si estás interesado o intrigado, siguieras leyendo.

Después de este inciso y con tu permiso amado lector, continúo con mi historia...

Como te estaba contando, yo vivía en la negatividad, en una competitividad constante por ser el mejor, en una frustración, también constante, al no conseguirlo, siempre había alguien que era mejor que yo, siempre había alguien que destacaba más que yo, siempre había alguien que se llevaba los honores y no era yo, siempre estaba en una comparación constante con los demás que me hacía siempre verme inferior y siempre envidiando lo que los demás tenían o conseguían y... ¡otra vez un siempre!, siempre estaba recurriendo al sexo o a la droga, o a ambos, como evasión ante tanta frustración.

Como bien habrás podido deducir, mi estimado lector, simplemente no me daba valor alguno, no encontraba mi sitio, no había un lugar donde encajara. Con mis actos, en esa lucha de comparación y competición constante, en realidad, estaba como mendigando un espacio que ocupar y un "bueno para nada" me sentía, porque no lo conseguía. Aunque pensándolo bien, en algo siempre había sido bueno: En drogarme, razón por la cual, ante tantas frustraciones, haya recaído varias veces en su consumo.

¡Mendigaba por ocupar un lugar!

Un lugar que ahora sé con certeza, me pertenece, como a ti, por derecho, ¡y yo lo mendigaba!

¿Te resulta familiar?

Hasta que caí en la cuenta, de que al único que tengo que superar es a mí mismo. Lo único que tengo que hacer, es esforzándome en ser un poquito mejor de lo que fui ayer. No podía permitirme, desperdiciar mi vida como lo estaba haciendo, en esta absurda competición con los demás que solo me llevaba a la frustración y a escapar continuamente con el sexo y las drogas, un espejismo que tratando de potenciar mi autoestima, muy por el contrario hacia que permaneciera en un círculo vicioso y lo único que conseguía era sentirme más fracasado. Me di cuenta, que a la única persona que tenía que agradar era a mí mismo y que si me sentía inferior era porque yo lo permitía. No podía consentir por más tiempo, desperdiciar el maravilloso regalo que es vivir.

Repasando y haciendo un balance de mi vida veía claramente que no tenía más tiempo que perder.

¡La vida pasa tan rápido!

Pensamos que vamos a vivir para siempre cuando somos jóvenes y cuando nos damos cuenta, casi de repente, nos vemos en la cincuentena.

Al menos, ese era mi caso y no es que no tuviera los conocimientos y las herramientas para tener una vida plena, todo lo contrario, los tenía desde hacía muchos años pero simplemente no los aplicaba, no me había esforzado en aplicarlos o los aplicaba durante algún tiempo pero sin llegar a interiorizarlos como parte de mi vida y como no obtenía los resultados cuando los quería o me parecía fuera el momento de tenerlos; desistía y me enfocaba en otra cosa.

En esta ocasión, dejando atrás mi victimismo y las lamentaciones del tipo: "¡si en lugar de aquello, hubiera hecho eso o lo otro...", me di cuenta y acepté, en realidad:

Re-descubrí, lo que una vez aprendí y por comodidad quise olvidar,

que es en el presente cuando podemos hacer algo por nosotros.

El aquí y el ahora es el momento oportuno en el que podemos y tenemos la responsabilidad de esforzarnos y trabajar en nosotros.
¡Ahora es el momento!
¡Aquí es el lugar!

Al dar un nuevo significado a lo que anteriormente, muchos años atrás, había escuchado pero no había interiorizado, fue cuando me enteré y acepté, que ya había desperdiciado muchos años en este sin sentido de pensamientos negativos, sentimientos de culpa y actos destructivos que en consecuencia, lo único que me aportaban era dolor a mi vida y a la vida de quienes me rodeaba. Caí en la cuenta a su vez, que una y otra vez me había estado enamorando de la persona equivocada, y creo que esto se merece una explicación porque…

¡Fue un gran descubrimiento!

He tenido en mi vida varias relaciones importantes de pareja y me refiero con ello a relaciones de más de cinco años de convivencia juntos, pues bien, revisando estas relaciones, "una venda se me callo de los ojos" y vi con claridad, algo que había estado negándome por muchos años.

Todas mis relaciones sentimentales importantes habían fracasado por diferentes motivos pero con un único denominador común:

Yo

Tendría por consiguiente que estar ciego para no ver que la responsabilidad de estos fracasos, no recaía sobre esas personas:

¡Recaía directamente sobre mí!
¡Estaba ciego y no lo veía!

¿Cómo ves la paja en el ojo de tu hermano, y no adviertes la viga que está en el tuyo?

¿Y cómo puedes decir a tu hermano: Hermano, déjame que te saque la paja de tu ojo, cuando no ves la viga que hay en el tuyo?

Hipócrita, saca primero la viga de tu propio ojo, y entonces verás bien para sacar la paja que está en el ojo de tu hermano.

Lucas 6:41-42

O dicho de otra manera:

Nadie da lo que no tiene.

Estaba viviendo mi vida desde la negatividad, como te he estado contando antes y llegué a aceptar que eso era precisamente, lo que había estado aportando a mis relaciones en el pasado: negatividad, dependencia y toxicidad.

¡Solo la verdad nos libera de la esclavitud de nuestra ceguera!

Dejó de preocuparme lo que esas personas aportaron o no en nuestra unión y que yo tomaba como excusa para justificar el fracaso, o lo que es lo mismo, dejé de culpar a esas personas del fracaso de nuestra pareja, empezando a responsabilizarme yo. Lo que cada una de esas personas aportó a nuestra unión, o dicho de otro modo, lo que contribuyó a su fracaso, sería un ejercicio, en todo caso, que le competiría a cada una de esas personas el realizar. Yo ya tenía bastante con el dolor que estaba suponiendo este descubriendo en mi y que ahora te estoy revelando, mi confidente amigo lector.

Lo que sí que hice, fue pedirles perdón, perdón desde el corazón, por mi comportamiento y por el daño que les pude causar con ello. Lo hice de una forma directa a quien me lo permitió, cosa que agradezco en el alma.

Algo muy poderoso se avivó en mí cuando mi corazón se limpio y es que:

¡El perdón desata el poder del Universo!

Cuando perdonas las ofensas de los demás y sobre todo, llegas a perdonarte a ti mismo, es cuando Dios empieza a escucharte.

Dios no escucha tus palabras, Él sabe de tus emociones y AMOR, PERDÓN y GRATITUD es el lenguaje que entiende.

Analizando mis relaciones de pareja, me sobrecogí cuando dudé, al pensar que en más de una de ellas, el "estar enamorado", era más bien un "querer estar enamorado" por rellenar un vacio o por el miedo a la soledad.

¿Te ha pasado a ti esto alguna vez?

Supe que de la persona que debería enamorarme si quería tener una relación de calidad con alguien, era de mi mismo. Al fin y al cabo, la única certeza que tengo es que yo soy el único que va a estar hasta el fin de mis días conmigo y es mejor llevarse bien que no estar peleando y enfadado todo el rato con la persona que siempre nos acompaña, ¿verdad?

Reconciliarme conmigo es, con creces, lo mejor que me ha pasado en la vida.

Decidí enamorarme de la vida, maravillarme del regalo que supone estar vivo y disfrutar, dando en cada momento lo mejor que hay en mí, por mi mismo y por los demás.

Quería vivir y me vi en el dilema de:
O...

Reinventarme a mí mismo, matar mi pasado, quien yo había estado siendo hasta la fecha.

O...

Morir en vida, seguir como estaba, sin hacer nada, sin contribuir a que este mundo sea un lugar mejor y ser enterrado cuando me llegase mi momento.

Estaba inquieto con esta disyuntiva, era como que una fuerza me impulsara a que tomase una decisión.

La elección estaba en mis manos.

Ahora es tu momento, ¿qué decides?

¡Yo decidí VIVIR!

CAPÍTULO 4

LA METAMORFOSIS

Pienso y creo que las cosas no suceden por azar.

Me refiero con ello, a que detrás de toda experiencia hay un aprendizaje y que en nosotros mismos esta el descubrir que mensaje esencial para evolucionar, hay escondido en ellas.

Creo firmemente que Dios (yo ahora me siento cómodo llamándole Dios) nos envía estas clases magistrales a modo de obstáculos o desgracias o simplemente experiencias, para que aprendamos y evolucionemos, para que nos hagamos más fuertes y estar mejor preparados, pasando con ello a un nuevo nivel en la vida, un nivel superior, donde seremos mejores personas y estaremos en condiciones de ayudarnos a nosotros mismos e invitar con ello a los que nos rodean, a también evolucionar y crecer.

Si somos conformistas, nos quedaremos en la superficie, ya que el indagar y hallar respuestas nos hace enfrentarnos a nosotros mismos, a nuestros miedos y debilidades, nos hace ver, sin tapujos quien realmente somos, nos hace ver nuestras luces pero también nuestras sombras y eso amigo mío, si somos honestos con nosotros mismos, no siempre nos gusta.

Por lo que, aunque esa verdad sea la que nos libere y nos haga ser mejor persona al aprender su mensaje, no siempre estamos dispuestos a ello por el dolor que conlleva, y nos entra el miedo a ser descubiertos, ¡que los demás vean de nosotros lo que nosotros mismos vemos!... **¡NO!,** eso no nos gusta y preferimos optar por ignorarlo, taparlo y ocultarlo, en la mayoría de los casos, aparentando ser quien no somos, viviendo una vida que no es la nuestra. Es vivir desde el miedo que nos encoge, es como si nos hiciéramos pequeñitos.

¡Es tan fácil estar en este nivel!

No hay que recurrir al sexo o a las drogas para evadirnos, hoy en día, solo hay que encender la televisión y quedarse absorto mirando y escuchando lo que otros quieren que veamos o escuchemos y por consecuencia, que pensemos.

Por el contrario, si somos valientes, buscaremos las respuestas y hallaremos soluciones, interpretando las experiencias vividas como aprendizajes que harán que crezcamos, que nos expandamos y que al compartirlas con el mundo, ayudarán a otros a que crezcan y también se expandan.

Este es el concepto que yo entiendo como autoayuda.

Apagar la televisión y dejar de meter en nuestra mente la información que otros quieren que manejemos, ayuda a pensar por nosotros mismos. Proceso que, no es tan fácil como pueda parecer a simple vista, más bien es un trabajo duro que requiere de esfuerzo, disciplina y valentía, pero que sin embargo tiene la recompensa de "ser genuino".

Si te paras a pensarlo, todas las personas que tienen y han tenido éxito, todas las personas que han triunfado en la vida, son genuinas, son autenticas, son ellos mismos. Actores, cantantes, arquitectos, pintores, escultores, políticos incluso…todos, absolutamente todos los que han tenido y tienen éxito, destacan por ser genuinos. Ellos se atreven a seguir lo que su corazón, su alma, les dicta, venciendo al miedo, al juicio y al rechazo que los demás se hagan con respecto a ellos.

Deja que te pregunte algo:

¿Quieres ser genuino y ser reconocido y admirado. Incluso imitado por ello?

¿Te gustaría?

Ahora, permíteme que te haga esta otra pregunta:

¿Estás dispuesto a pagar el precio, o lo que es lo mismo, hacer lo que sea necesario, para conseguirlo?

¿Lo harías?

Las personas que han triunfado y triunfan en esta vida destacan por luchar en la búsqueda de conseguir sus sueños, sin parase a pensar el esfuerzo a realizar por conseguirlo, eso es lo que los hace ser genuinos, ese el precio que saben tienen que pagar y lo aceptan sin excusas. Ellos, no son diferentes de ti o de mí, sus circunstancias no son mejores ni peores que lo son las tuyas o las mías. Lo que les diferencia es que ellos son valientes, se atreven a ser ellos mismos, trabajan duro y al final triunfan. Son personas que no se desaniman ante la adversidad y que ni mucho menos "tiran la toalla" nunca. Más bien son personas que siempre se han levantado una vez mas de las que se han caído, fortalecidos por la lección aprendida de sus fracasos. Se atreven a ser auténticos e impactan al mundo marcando moda y tendencia.

Los demás les critican e incluso rechazan cuando lo están intentando y les imitan o copian cuando triunfan.

Si lees las biografías de personas exitosas, ninguno de ellos lo tuvo fácil y la mayoría, si no todos, fueron criticados y rechazados. La sociedad no les entendía pero ellos confiaban en ellos mismos, creyeron en sí mismos, apostaron por su ardiente deseo a que lo conseguirían y lo alcanzaron, o dicho de otro modo, tenían un sueño, fueron valientes y no pararon hasta lograrlo.

Si no me crees tienes dos opciones: o pensar que todos ellos tuvieron suerte, eso es lo que haría la mayoría, o leer sus biografías y comprobar que lo que te estoy diciendo es verdad. Como siempre, tú decides. No te pongo nombres de ninguna persona de éxito para no condicionarte, puedes elegir tú a quien hoy en día es admirado por todos y comprobarlo por ti mismo.

Pero lo más paradójico es que todos, absolutamente TODOS NOSOTROS, tenemos en nuestro interior todo lo necesario para ser también genuinos.

Jesús dijo: "Sois dioses pero lo habéis olvidado".

Estoy completamente convencido que se refería, a que todos nosotros tenemos en nuestro interior todas las respuestas que necesitamos, que tenemos dentro de cada uno de nosotros todo lo necesario para brillar con luz propia, solo que no nos lo creemos y lo hemos olvidado.

No quiero que me mal interpretes: no hay que ser actor, cantante, arquitecto, pintor, escultor, ni político... para tener éxito en la vida, si no es eso lo que deseas ser. Me refiero con ser exitoso a personas que aún siendo anónimas, no conocidas por el gran público, tienen una vida feliz y plena, son aquellas que aman la vida y la viven en plenitud. Son exitosos los que se sienten plenamente realizados, en todos los sentidos y son valientes que se atreven a soñar y luchan por conseguir sus sueños. Igual que son valientes y sueñan y luchan por conseguir sus sueños las personas que han tenido y tienen éxito y son famosas.

Lo que tienen en común, las personas de éxito famosas o no, es que aprendieron de sus caídas, de sus malas experiencias, de sus desgracias y las transformaron en el necesario combustible para seguir caminando fortalecidos por el aprendizaje.

Mientras que el resto, se limitan a quejarse por sus infortunios o a victimizarse por lo que les ocurre, culpando a todo y a todos por ello, sin responsabilizarse de nada de lo que les sucede y sin pararse a pensar que detrás de esas experiencias, está la clave para crecer, avanzar y conseguir lo que anhelas.

El resto se rinden antes de intentarlo.

Simplemente no creen en sus posibilidades ni tampoco creen en su potencial, sin atreverse a soñar y ni mucho menos a destacar siendo auténticos. Se limitan a copiar a las personas de éxito.

Las personas de éxito creyeron antes de tenerlo.
Los demás cuando ven que tienen éxito, creen.
¿Ves la diferencia?

Lo que es aún peor es que los otros, se limitan a criticar a las personas exitosas, sin saber nada acerca de cómo ellos han alcanzado el éxito y en el caso de los famosos, la fama.

Posiblemente, como te dije anteriormente, atribuirán su éxito a la suerte.

Déjame decirte una cosa, amigo lector...

¡La suerte no existe!

La suerte no es algo fortuito, muy al contrario, la creamos cada uno de nosotros, manteniendo nuestros pensamientos, sentimientos y acciones enfocados en un deseo, valorando nuestros logros pero sobre todo, aprendiendo de las caídas, trabajando sin parar, hasta conseguir nuestros objetivos.

Yo no culpo al resto de personas que no se atreven a soñar, la mayoría de ellas no saben ni cómo hacerlo. Otros son ilusos, sueñan y no se esfuerzan. Yo no sabía soñar, fui uno de ellos y por eso les entiendo muy bien.

Cuantas veces nos han dicho que no valemos para esto o lo otro, que somos muy torpes, que somos unos inútiles, que hacemos las cosas mal... ¡Calla niño que no entiendes!, ¡Cuando seas padre comerás huevos!, ¡Esto es cosa de hombres!, ¡Es hora de que empieces a ser realista y quitarte esos pájaros de la cabeza! y etcétera, etcétera, etcétera, ¿te resultan familiares? Toda una interminable lista de frases limitantes que nos las han repetido tanto y desde bien pequeños, que incluso hemos llegado a creer que eran ciertas y con ello hemos dejado de brillar, hemos dejado de ser genuinos y hemos dejado de soñar.

Es hora de decir ¡Basta!, a toda la serie de limitaciones que no son tuyas, te las han impuesto y tu las creíste ¡Ya está bien! Es hora de que creamos en nosotros y nuestro potencial.

¡Es hora de que creas en ti!

Nuestra mente es como un terreno fértil, la información que plantamos en ella son las semillas que generan nuestra forma de pensar y como consiguiente nuestra forma de sentir y nuestras acciones. Si plantas cardos en ella, no esperes recoger lechugas, por eso hay personas, en las que me incluyo, que durante años hemos estado repitiendo patrones. Me refiero, a que una y otra vez nos suceden las mismas cosas, las mismas "desgracias" y nos planteamos: ¿Por qué siempre me sucede esto a mí?, Es que acaso estoy maldito? Nos lamentamos, nos victimizamos y nos castigamos constantemente con ello y no solucionamos nada.

¡Es hora de cambiar las cosas!

Me voy a atrever a confesarte algo que a mí me ha servido a romper con "esta maldición" y que traslado a ti, con la intención de que lo pienses y te sirva.

Deja de verte a ti mismo como una víctima. Deja de verte como el enano de tus miedos.

Es hora de que te responsabilices de tu vida y brilles con tu propia luz. Es hora de que despiertes al gigante de tus sueños.

¡No estamos destinados a ser sufridores!

Somos nosotros los que elegimos, si has leído bien, elegimos de manera consciente o inconsciente, sufrir. Esto puede parecer duro o insensible, nada más lejos de mi intención, pero déjame que te explique algo: una cosa es sentir dolor, que estamos en nuestro derecho como ser humanos que somos, no solo de sentirlo, sino también expresarlo, (que por cierto es muy sano hacerlo) y otra muy distinta es recrearnos, de manera consciente o no en ese dolor, prolongándolo en el tiempo y con ello sufrir.

Esta vida no es un "valle de lágrimas" como nos han hecho creer.

Esta vida es un valle de alegrías y triunfos que merece ser vivida con total plenitud.

Ese es nuestro derecho de nacimiento.

¿Te lo crees?

Eres tú quien tiene que creerlo. Y si no te lo crees, permíteme que te diga amigo lector, con todo el amor del mundo, que aún estas en el rol de víctima.

Jesús dijo: "Es el deseo de mi Padre darte el Reino".

¿Es que acaso no se estaba refiriendo a esto? Lo que ocurre es que Dios nos dio también libre albedrio, nos dio la capacidad de elegir, luego...

¿Quién es el que elige y decide?

Aún dentro de la mayor desgracia, como puede ser la pérdida de un ser querido o una enfermedad de esas que llaman incurables, te hablo desde la propia experiencia, podemos buscar en nuestro interior razones más que suficientes para amar la vida. Por supuesto, y sin olvidar, que es necesario atravesar un proceso de duelo donde el dolor puede alcanzar niveles insoportables , pero eso no implica que ese proceso de duelo sea de eterno dolor y llegue a ser un constante sufrimiento, a eso lo llamo yo: DRAMA.

Hay situaciones en la vida que se escapan a nuestro control, como hijos de Dios que somos, hechos a su imagen y semejanza, no creo que mi Padre Celestial nos desee ningún mal, más bien creo que todo lo que sucede en nuestra vida, es por un bien y que somos nosotros los responsables de descubrir en cada experiencia vivida, un aprendizaje importante para avanzar y pasar a un nivel superior y seguir avanzando y si no lo hacemos, es cuando estaremos estancados y sentenciados a vivir esa experiencia una y otra vez, condenándonos con ello al sufrimiento y te puedo garantizar, por propia experiencia, que esto es así.

Lo que sucede es que, por lo general, no nos pararnos a pensar que somos nosotros mismos los que no nos responsabilizamos, no profundizamos y no aprendemos lo necesario sobre nuestras experiencias vividas para así, crecer y ser mejores y con ello, no ir cometiendo los mismos errores una y otra vez.

Estarás de acuerdo conmigo que es más fácil echar balones fuera y culpar a algo o a alguien por nuestra situación o justificarse diciendo: "Es mi destino sufrir" y así lo creen, lo que no se dan cuenta es que por ello, repiten más situaciones que les dan la razón y como consecuencia, siguen sufriendo Otros se quejarán diciendo: ¡Es que siempre me pasa lo mismo!, y yo te pregunto:

¿Qué no has aprendido de lo que siempre te pasa para que siempre te pase lo mismo?

Otros echarán la culpa de su situación a sus padres, o a sus parejas, o a.... ¿yo que sé?, hay tantas y tantas cosas a las que echar la culpa de nuestra situación que elige tú la que a ti más te guste. O mejor aún...

¿A quién culpas tú?

Yo quiero ayudarte y por eso déjame decirte algo, solo hay una cosa que te hará salir de ese sufrimiento y crecer, solo una:

Tomar las riendas de tu vida y responsabilízate al cien por cien de tu situación

Cuando llegamos a responsabilizarnos al cien por cien de nuestra situación, es cuando tenemos PODER, porque es cuando nos darnos cuenta de que también está en nuestras manos, depende de cada uno de nosotros, el cien por cien de la solución.

Dicho de otra manera, cuando asumimos y aceptamos que todo lo que nos ocurre es nuestra responsabilidad, pasamos del victimismo al empoderamiento.

¿Qué mayor poder que ese?

Es entonces, y solo entonces, cuando haremos todo lo necesario para superar cualquier situación que no queramos en nuestra vida.

Cuando me responsabilizo, es cuando aprendo.

Si no aprendemos nada de la lección que hay detrás de cada experiencia, significa que no me responsabilizo de ella y estaremos siempre buscando culpables fuera de nosotros y por consiguiente, estamos poniendo **nuestro poder** en las manos de alguien o algo ajeno a nosotros, creyendo y queriendo que nos solucionen nuestro problema, no siendo conscientes de que es entonces cuando estaremos condenándonos a sufrir. Son, lo que yo llamo: **sufridores empedernidos** y que entiendo muy bien porque entre ellos me encontraba, siendo esta la razón por la que he tenido varias recaídas en el consumo de heroína, donde buscaba culpables en esto o en lo otro y no aprendía nada, o al menos no lo suficiente, para no volver a consumir, justificando mi fatalidad con que era mi destino.

No voy a adelantar mis experiencias acerca de la adicción a esta droga, si estás interesado en saber más, en los dos libros que preceden a este ejemplar, te hablo abiertamente de ello.

Como te decía, los sufridores empedernidos, están esperando que, como por arte de magia, sin ningún esfuerzo por su parte, aparezca la buena suerte en su vida, pero... ¿que obtienen en cambio? ¡Exacto!, más mala suerte y solemos pensar:

¿Qué habré hecho yo para merecer esto?

Respuesta:

¿Es que acaso cambias en algo, aplicando lo que has aprendido de tus experiencias, para esperar obtener otro resultado?

Una frase famosa de Einstein dice: "Locura es hacer lo mismo una y otra vez y esperar diferentes resultados". Yo estoy cien por cien de acuerdo con él, ¿y tú?

Lo primero que debemos hacer si queremos obtener diferentes resultados es tomar consciencia de lo que nos está ocurriendo, siendo necesario que seamos honestos con nosotros mismos para reconocer y darnos cuenta que tenemos un problema o conflicto. Debemos aprender también, a tratarnos siempre con respeto y cariño. Para con todo ello, asumir sin excusas nuestra situación, y responsabilizarnos de ella. O dicho de otra manera, **recuperar nuestro poder.**

Lo segundo, es **estar dispuesto a cambiar** y eso ocurrirá si ya estas harto o harta de vivir siempre ese mismo tipo de situaciones que te hacen daño. Es tomar acción para dirigirte a la situación que tu sabes que te mereces.

Y lo tercero es: **HACERLO**, poner en práctica lo aprendido, buscando los recursos para llevarlo a cabo o pedir ayuda si la necesitas. Para ello es importante saber cómo hacerlo a lo que este libro te puede ayudar.

Esto es: Ser CONGRUENTE.

Lo mejor de todo es que tú en tu interior tienes todas las respuestas y para saberlas, necesitas escucharte a ti, a tu voz interior, a tu alma. Tienes que conectare con ese poder superior que te guiará: la meditación, la relajación guiada, relajarte en la ducha, tomarte tiempo a solas, pero tiempo de calidad para estar a solas contigo y escucharte, te ayudaría. En mi caso, y puede parecer un poco extraño, conducir sin rumbo me inspira. Las mejores ideas y repuestas que necesitaba saber, a menudo, me suelen venir cuando conduzco relajadamente, sin prisas y por supuesto sin atascos.

Cuando tu mente deja de "hacer jaleo", aparecen las respuestas que necesitas.

Hablaremos mas adelante, de la importancia de tener momentos de soledad en tu vida, aunque solo sean diez o quince minutos al día para estar contigo a solas y para dedicarlos a ti y déjame decirte que, si estas pensando que en tu vida, por la razón que sea, tú no puedes disponer de diez o quince minutos para dedicar a la persona más importante que hay en ella, o sea:

¡Tú!

Simplemente y con mucho, mucho amor te digo, que tú, no tienes vida.

Pero eso será más adelante. Lo importante ahora es que entiendas y veas claro que:

¡Tú cambias y todo cambia!

Tengo una buena noticia que darte: tu, al igual que lo hice yo, puedes romper con este círculo vicioso y avanzar hacia la vida que realmente te mereces vivir. Es fácil victimizarse, con ello ganamos la atención de los demás y su comprensión de manera fácil y rápida aunque esto, no sea más que una mera manipulación para que los demás nos den la razón y se compadezcan de nosotros y así no poner ningún esfuerzo por cambiar nada, pero déjame decirte algo, voy a compartir contigo, querido lector, uno de mis grandes descubrimientos, la manera, eficaz y definitiva de acabar con ese ciclo de mal infortunios que suceden en tu vida: si es que ya estas harto, o harta, de que este tipo de desgracias condicionen tu vida, aquí tienes la solución:

¡Toma una decisión y tómala ya!

Es simple, toma la decisión de dejar de victimizarte por tus circunstancias y responsabilízate de ellas, es cuestión de cambiar de enfoque y darle un nuevo significado a tus experiencias vividas. Tu éxito o tu fracaso dependen de ello.

¡Las cosas suceden para ti!

Por dolorosa que sea, cada experiencia sucede para que aprendamos y mejoremos como persona, para que nos expandamos, si no aprendemos la lección y no ponemos en práctica lo aprendido, repetimos curso. Las cosas no suceden para que te victimices y te contraigas.

¡Las cosas suceden para que crezcas y evoluciones!

Tú puedes estar pensando que todo esto es una tontería o puedes tomártelo en serio y aplicarlo en tu vida.

¡Todo depende de ti!

El tomar una u otra opción está en tus manos, solo hay que decidir y ser consecuentes con la decisión que tomes: SER CONGRUENTE.

¿Qué eliges?

¿Seguir en el victimismo y siempre buscando factores externos a quien culpar por tu situación?

O

¿Responsabilizarte de tu vida y asumir que todo lo que sucede es por tu bien?

Dicho de otro modo:

¿Decides no hacer nada y seguir como estas por el miedo que nos encoje?

O

¿Decides desde el amor que nos engrandece a ser valiente y luchar por tener un futuro mejor?

¡LA DECISIÓN ESTA EN TUS MANOS!

CAPÍTULO 5

MI DECISIÓN

Delante del espejo, tomé la firme decisión de dejar de escuchar al enano de mis miedos, ese con el que mi mente me condicionaba. No me gustaba a quien veía enfrente, necesitaba amarme, tratarme con cariño y respeto y me comprometí a no esconderme jamás. Con un brillo de esperanza que pude ver en mi mirada, opté por escuchar al gigante de mis sueños, de quien mi alma me hablaba. Mirándome directamente a los ojos, mi expresión cambió a rabia cuando decidí que era hora de enfrentarme, sin más demoras y de una vez por todas, al medo. Supe entonces que AHORA, era el momento oportuno para plantarle cara a esa soledad que me angustiaba y que me impedía ser feliz. Rendido ante la evidencia comprendí, lo que una voz desde mi interior me indicaba, cuál era el camino a seguir.

Yo, decidí ser valiente y escuchar, a LA VOZ DE MI ALMA.

Esto dicho así, parece fácil de llevar a cabo pero…

¿Por dónde empezar si tenía el enemigo en casa?

Por un lado, escuchaba una voz suave en mi interior que me insistía en que afrontara mis miedos y que fuera yo mismo, que no temiera al juicio que se hicieran los demás acerca de mí. Me susurraba, que al único juicio que tenía que temer era al que yo me hiciera de mi mismo, viviendo en la comodidad de no hacer nada por seguir relajado donde estaba. Esta voz cálida me murmuraba, que fuera valiente y que lo que hiciera lo hiciera desde el amor y la confianza en mí mismo y en el ser humano.

Por otro lado, resonaba en mi cabeza una voz autoritaria y fuerte, casi intolerante, que me dictaba que eso sería una locura y que me llevaría al dolor, así como me conduciría al fracaso, repitiéndome una y otra vez, que fuera inteligente y que siguiera a salvo donde estaba.

Dicho de otro modo, me vi en este dilema:

Seguir como hasta entonces, escuchando a mi mente racional que me decía que en la mentira que yo mismo me había creado estaba a salvo y que en esa zona, mi zona de confort, yo estaba protegido y resguardado de agresiones externas, o... escuchar a mi alma, que constantemente me decía que fuera yo mismo y que me atreviera a soñar como cuando era niño y todo era posible, aconsejándome que afrontara mis miedos y rompiera con mis secretos, con la seguridad, de que aunque eso fuera difícil en un principio, con el tiempo, me llevaría a la felicidad; me insistía, en que siguiera los impulsos de mi corazón.

Como en Dr Jekyll y Mr Hyde, una batalla de titanes se estaba librando en mi interior.

Por un lado, me tentaba el estar cómodo por lo que mi mente me ofrecía: seguridad y protección.

Por otro lado, sentía como un fuego interior que me impulsaba a seguir lo que mi alma me susurraba, aún arriesgándome a ser criticado por ello.

Y mientras tanto, mi cuerpo arrugándose se hacía cada vez más pequeño, **¡se estaba oxidando!**, empezando a mostrar síntomas de enfermedad, propias, y no tan propias, de la edad.

Tuve que intervenir en esta batalla, como árbitro…Te lo explicaré de un modo más original:

Invité a una reunión, a mi mente y a mi alma, en el templo de mi cuerpo como lugar de encuentro y en un entorno de soledad, donde ningún ruido externo pudiera distraer de la atención que era necesaria y les mostré a los dos, que el jefe era yo y que como jefe que soy, podía tomar la decisión de despedir a quien quisiera, así como también, podía contratar a quien se lo mereciera. En este encuentro, hice ver a mi mente y a mi alma, que no podía despedir a nadie, ya que las dos son partes esenciales de mí y no puedo prescindir de ninguna de ellas pero destaqué, que era hora de tomar decisiones y solo yo iba a ser quien decidiera, dejándoles claro, que sopesaría y tendría en cuenta lo mejor que cada una de mis dos esenciales partes, querían para mí.

Arbitré, y ¡no fue fácil!, hasta llegar a un pacto entre ellas, donde cada una pudiera expresarse y cumplir con su función lo mejor que saben hacer:

Mi mente: Protegerme

Mi alma: Prosperar

En este arbitraje hubo retrocesos y avances, hubo miedo y esperanza.

Enano y gigante, miedos y sueños, mente y alma se defendían con sus mejores argumentos.

En un momento dado, tuve un dialogo profundo con mi mente y le hice ver lo egoísta de permanecer en esa postura de protección. Le agradecí que me hubiera estado salvaguardando tiempo atrás, aunque le advertí que en la actualidad, me estaba asfixiando con tanto muro. Además, le hice ver que con su rigidez, estaba impidiendo que otras personas se pudieran beneficiar de mis aprendizajes. Como punto final a este interno dialogo, le hice entender a mi mente que mi cuerpo estaba muriendo, en su insistencia de mantener, esa postura tan rígida.

Mi mente se alarmó y se mantuvo confusa: "Yo quiero protegerte, no matarte" me contestaba. Le pedí, que no fuera tan cabezota y que se abriera a nuevas aunque desconocidas posibilidades.

Finalmente mi razonamiento lógico cedió en su empeño y admitió su egoísmo.

Fue entonces cuando mi alma dejó de susurrar para hablar alto y claro, diciéndole a mi mente que no tuviera miedo, que no había motivo para ello. Le pidió que confiara, que tuviera fe y le confesó que ella, mi alma, era el mensajero de Dios, que sabía que habían sufrido mucho en el pasado pero que Él recompensaría con creces esos sufrimientos.

¡Confía y ten fe!

Era su mensaje. Mi alma continuó hablando y dijo, que era hora de decir la verdad al mundo y ser valiente. Le confesó que necesitaba de su ayuda para llevar a cabo este cometido, ya que ella, no podía hacerlo por sí sola. Ante ese argumento, mi mente se sintió respetada y aún confusa, se mostró dispuesta a colaborar en esta nueva y desconocida empresa.

¡Por fin ambas, mente y alma, estaban hablando el mismo idioma!

Yo, respiré profundo como el que respira después de librarse de una pesada mochila cargada a las espaldas y supe cual era la misión y el propósito de mi vida.

¡Todo cobraba sentido ahora!

Supe, que el resto de mis días los dedicaría a contribuir con mi granito de arena, con mis talentos, con el conocimiento aprendido de mis vivencias, a que el mundo fuera un lugar mejor.

Divulgar mi experiencia, es mi misión.

Ayudar al necesitado, mi propósito.

Estas, son palabras que salen de mi corazón, dictadas por mi alma y que se han grabado a fuego en mi mente.

Si lo piensas bien, no es tan descabellado, teniendo en cuenta que, entre otras muchas cosas, soy enfermero y mi función es cuidar a los pacientes. Lo definiría como: Ser cuidador de almas, aliviar sus sufrimientos y ayudar a tener esperanza, para así, encontrar por uno mismo la salida al conflicto con el que se viva. Trabajar una dimensión más amplia, una dimensión holística de los seres humanos que muy pocos hoy en día, se paran a profundizar en ella.

No soy religioso, ¡es más!, me enfadé hace muchos años con la iglesia católica y en general con todas las religiones, como ya lo expliqué al principio de este libro, pero te puedo asegurar una cosa, nunca dejé de creer en Dios, así como nunca dudé de que Jesús viniera a este mundo a transmitirnos un mensaje:

"Amaos los unos a los otros, como yo os he amado"

AMOR, PERDÓN, GRATITUD Y CONTRIBUCIÓN

Esa es la clave que he descubierto y que al aplicarla en mi vida, en el día a día, está transformado mi vida por completo.

CAPÍTULO 6

EL SECRETO

Tengo un huésped en mi cuerpo.

Este huésped se llama VIH.

Aquí te muestro su foto:

¡Ah!... ¡Que no puedes verlo! Espera que te lo enmarco para que lo puedas ver mejor:

Sigues sin poder verlo, me supongo.

Eso es porque hasta la fecha, ningún microscopio electrónico ha podido fotografiar el VIH, que tiene un diámetro de entre 100 a 120 nanómetros.

Un nanómetro es la millonésima parte de un milímetro, como ya sabrás.

Lo que se aproxima a lo que se considera es el VIH (y que circula libremente en internet) son una serie de: dibujos o recreaciones gráficas o animaciones 3D realizadas en ordenador.

Como este dibujo:

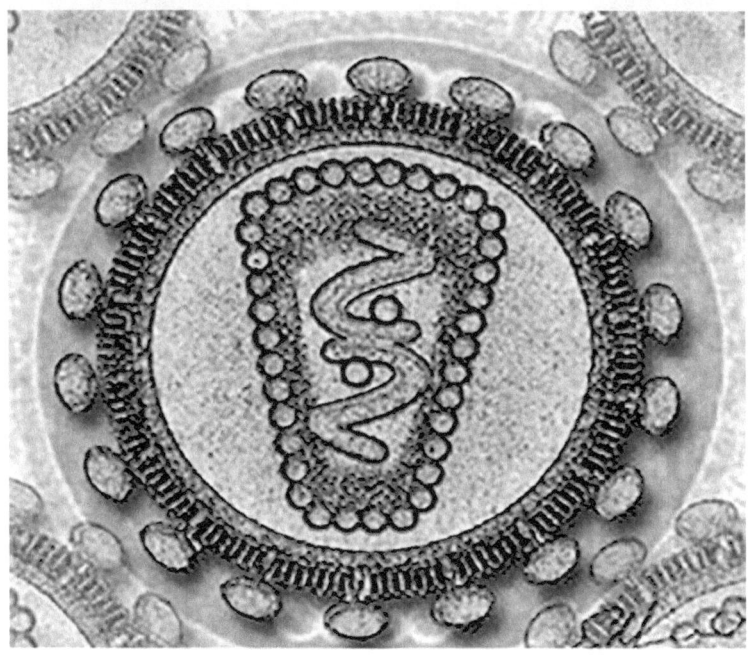

O esta recreación 3D a ordenador:

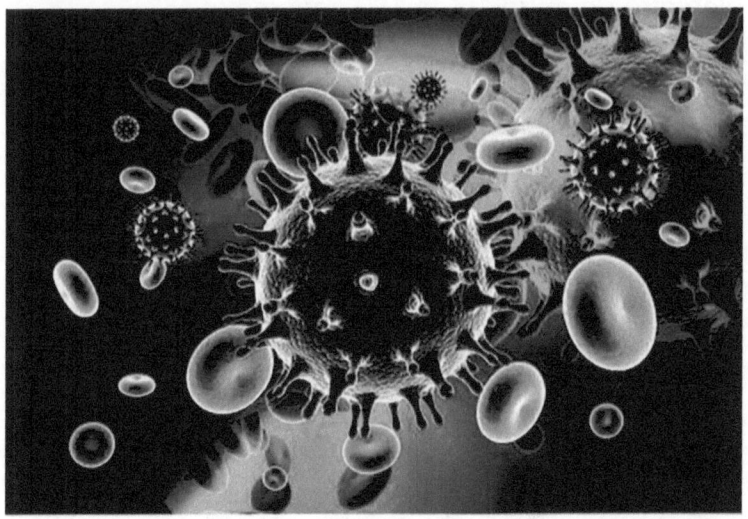

No intento ser frívolo ni quitarle importancia a un problema que nos afecta a todos y no solo a quien ya portamos a este invisible e indeseado huésped en nuestro cuerpo pero si he intentado añadir un toque de originalidad y rebajar el nivel de dramatismo.

No es mi intención meter el miedo en el cuerpo a nadie pero cuando te decía anteriormente todos, es porque TODOS, estamos expuestos al contagio... mañana tú podrías ser el próximo... o tu hijo,...o tu hija o tu hermano..., por lo cual, es fundamental que estemos bien informados y entre todos evitemos la propagación de este virus. Concienciarnos de que, si bien el VIH sigue siendo un grave problema de salud a nivel mundial, hoy en día, tenemos en nuestras manos la solución para detenerlo. Siendo su peor enemigo la ignorancia y los juicios hacia las personas que lo portamos, que lo único que consiguen es discriminar, aumentando el estigma y el miedo pero que nada ayuda en su detención.

No es mi intención culpar a nadie por su ignorancia, yo mismo, siendo incluso enfermero, era el más ignorante de todos, así como era también el primero que tenía prejuicios y, de una manera u otra, discriminaba a los afectados y me creía, ¡iluso de mí!, no solo afortunado, sino también más inteligente, como superior porque había evitado su transmisión, pensando que eso nunca me pasaría a mí. Mi ignorancia era tal, que no fue hasta que me lo diagnosticaron cuando me di cuenta de ello, ya que comencé a vivir con miedo a lo que pensarán los demás, aumentando mi propio juicio y llegando a la conclusión de que nadie, ABSOLUTAMENTE NADIE, debería enterarse de mi nueva situación para no ser rechazado por ello.

Puede ser que tú, mi amigo lector, seas más inteligente que yo, no vivas desde la ignorancia y estés bien informado. En ese caso: ¡Enhorabuena! Aunque creo que de todas formas te vendrá bien recordar que el VIH sigue siendo además, un problema de exclusión social por el que hay personas que se suicidan por el miedo a afrontar su nueva situación ante una sociedad que sigue discriminando por estar anclada en conceptos y creencias obsoletos, que nada tiene que ver con la realidad actual al respecto.

Estoy aquí para contarte mi experiencia desde que conocí que tenía VIH hasta el día de hoy que tienes este libro entre tus manos. Ha tenido que pasar tiempo, he tenido que pasar mi propio duelo, para estar preparado y afrontar el confiarte mi transformación, con la intención de que te pueda servir a ti o a alguien que conozcas, y ayudarte a que también transformes tu vida. En los capítulos anteriores indiqué, a modo de preámbulo, las bases que ayudaron en mi metamorfosis y que continuarán hasta el final de este libro, que aunque tu cuerpo no hospede a este indeseado visitante, también puede ayudarte a reflexionar y a transformar tu vida, si te das la oportunidad a ello.

Empezaré contándote, aunque supongo que ya lo sabrás, que el VIH es un virus muy débil y hasta cobarde, digo esto, porque fuera del cuerpo humano no puede sobrevivir ni una hora pero cuando este virus logra entrar en el organismo, se hace fuerte, hasta la fecha invencible; se multiplica con gran rapidez, atacando y destruyendo las células del sistema inmune y si no detecta y medica a tiempo, se desarrolla el sida. Esta, es una explicación sencilla pero a su vez comprensible y que para el objetivo de este libro es más que suficiente. Como te dije antes de comenzar su lectura, no voy a perderme en complicada terminología o al menos lo voy a intentar aunque será inevitable que la aborde.

Permíteme ahora y sin más preámbulos que te cuente mi experiencia desde el principio.

¿Estás preparado? …Comenzamos:

Descubrí que tenía el VIH positivo en un análisis rutinario que me hicieron cuando, en Enero de 2017, empecé a trabajar como enfermero en el Hospital de Plymouth en Reino Unido, donde trabajo en la actualidad.

No fue tanto la noticia de que tenia este indeseado huésped, recorriendo todo mi cuerpo campando a sus anchas lo que me produjo el shock, si no el modo en el que me enteré. Historia que quiero contarte para aclarar un par de cosas que entenderás mejor después de mi relato. Si me lo permites, voy a ello…

Llevaba viviendo en Inglaterra tres años, en diferentes zonas del país, cuando en Enero de 2017 me mudé a Plymouth, una ciudad costera en el Suroeste de Reino Unido, por motivos de trabajo. Mi contratación se hizo desde España ya que cuando dejé el anterior hospital donde trabajaba, en la hermosa y aburrida ciudad de Kendal al Norte del país, después de más de año y medio de no tener vida social allí, solo trabajo y la naturaleza hermosa de sus lagos colindantes como única compañía; decidí que era hora de dar el salto a un hospital mayor, con más posibilidades de expandir mi carrera como enfermero. No sin antes, tomarme un periodo de merecido descanso en mi amada Marbella, que siempre mira al Sur y se ríe con las olas del Mediterráneo. Periodo que ocupé también en hacer entrevistas por Skype, con miras a mí vuelta a UK. Conseguí ofertas de empleo en distintos hospitales de Inglaterra, decidiéndome por el de Plymouth por tres razones fundamentales:

1.- Es un buen hospital para progresar en mi carrera como enfermero de quirófano, siendo suficientemente grande y ocupado sin llegar a ser masivo y caótico.

2.- Plymouth es una ciudad que tiene vida, me refiero, a que aquí existen opciones de poder socializar y hacer nuevas amistades, incluido el ambiente gay.

3.- Plymouth es una ciudad costera y aunque soy oriundo de León en el Norte de España, toda mi vida, desde que yo recuerdo, la he pasado frente al mar y es algo que se echa de menos cuando no lo tienes a tu alcance.

Pero centrándome en el tema...

No fue llegar y empezar a trabajar en mi destino que era quirófano, concretamente en neurocirugía, nada más llegar, sino que tuvimos (todos los compañeros enfermeros que fuimos contratados desde España), dos semanas de inducción, tiempo en el cual, nos fuimos familiarizando con el hospital, las normas y demás servicios que este centro ofrece a su población y siempre acompañados por una amable y encantadora guía.

Yo estaba totalmente emocionado, como "un niño con zapatos nuevos", nueva ciudad, nuevas oportunidades y como enfermero, entusiasmado ante la nueva expectativa de trabajar en una especialidad tan apasionante como es neurocirugía.

Sentía que todo iba sobre ruedas y que por fin, había llegado mi momento de expandirme, tanto personal como profesionalmente.

En estas dos semanas, el servicio de "Occupational Health", servicio que se encarga básicamente del bienestar de los trabajadores del centro (medicina preventiva o del trabajador seria su homólogo en España), nos entrevistó y tuvimos que rellenar unos cuestionarios donde, una de las preguntas era acerca de nuestra orientación sexual. Lógicamente contesté que era homosexual ya que hace mucho tiempo que dejé de ocultar mi sexualidad y para mí no supone ningún problema, hoy en día, admitirlo abiertamente.

Con respecto a la homosexualidad y contando con permiso de tu parte mi amado lector, haré un inciso en mi historia y te adelanto que hablaré de ello más adelante y en más detalle, tanto en este libro como en los dos libros posteriores que componen esta trilogía, ya que para llegar al punto de aceptar y vivir mi sexualidad con naturalidad y sin miedo, vivirla desde el perdón y el amor, ha sido todo un proceso nada fácil e Incluso muy doloroso pero que ha merecido la pena de atravesar.

Dicho esto y dándote las gracias una vez más por tu comprensión, continuaré con mi relato...

En el mencionado servicio de "Occupational Health" se me indico que tendrían que realizarme un análisis de sangre para la detección de los Virus Transmitidos por la Sangre o VTS (Blood Borne Viruses o BBV, en inglés), que incluye la detección de los virus de la Hepatitis B y C, así como para el VIH.

Siendo totalmente sincero contigo y para mostrarte hasta donde llegaba mi ignorancia por aquel entonces, estaba totalmente seguro, que el hecho de admitir abiertamente que era gay fue el motivo de que se me facilitara realizar este tipo de test, como población de riesgo que erróneamente se nos considera. Ahora sé, que todas las personas que realizamos Procedimientos Invasivos Predispuestos a Exposición (PIPES y EPP o Exposure Prone Procedures en inglés) debemos realizarnos este tipo de test de sangre antes de empezar en nuestro desempeño de funciones, motivo por el cual, teniendo destino quirófano, fue a mí al único que se le realizó esta prueba para la detección de dichos virus.

Antes de realizar la extracción, me preguntaron, muy amablemente como caracteriza a la educación inglesa y... como exige el protocolo, si accedía a hacérmela, contesté que sí, que no tenía ningún inconveniente en ello y extendí mi brazo para que procedieran a la tarea.

En el anterior hospital donde estuve trabajando, en la ciudad de Kendal de la que te hablé anteriormente, me realizaron, también cuando me incorporé, un análisis de sangre y como resultado del mismo, solo fui vacunado contra el virus de la Hepatitis B, por lo que supuse que todo estaba bien.

Con respecto a la Hepatitis C, te confesaré que me transmitieron este virus durante la primera etapa de mi adicción a la heroína y años más tarde estuve en tratamiento a base de Ribavirina e Interferón (tratamiento horrible, por cierto, por sus efectos secundarios) para combatirla, logrando con éxito eliminar este virus de mi cuerpo. Por lo cual, con respecto al virus de la Hepatitis, tanto B como C, estaba muy tranquilo.

Con respecto al VIH no lo estaba tanto, mi último test había sido unos años atrás y dio negativo y aunque pensaba que no había ningún motivo para estar preocupado por el resultado del análisis, me preocupé.

Viernes 13 de Enero de 2017

Cinco de la tarde y la suerte estaba echada, solo tenía que esperar a que después del fin de semana me dieran los resultados de la prueba.

Es angustiosa la espera y más para una persona que, como yo, solía "comerse el coco" por casi todo.

Me repetía una y otra vez que estuviera tranquilo, que saldría negativo como la última vez que me lo realicé, pero por más que me lo repetía, no me tranquilizaba.

Pasé ese fin de semana encerrado en mi recién estrenada habitación, tumbado en la cama y con la televisión encendida las 24 horas del día, tratando de conseguir que el ruido de este aparato fuera más alto que mis pensamientos y conseguir evadirme, fueron pocos los instantes en que lo conseguí. Solo salía de mi encierro para ir al baño o a comer algo, evitando cruzarme con mis compañeros de piso y así no afrontar el tener que responder a preguntas que no deseaba oír. A pesar de mi sigilo, no pude evitar sus encuentros y era cuando se respiraba en el aire cierta tensión. Estoy seguro de que ellos sabían lo que estaba ocurriendo puesto que mi estado de ánimo cambió por completo. Mi buen ánimo, mi alegría de días anteriores, se habían desvanecido desde que me hice la analítica, dando paso a la incertidumbre, el mal humor, el aislamiento y el miedo.

Me gustaría pedirles perdón por mi comportamiento y darles las gracias por su discreción y aunque estaría bien hacerlo en persona… la verdad es, que hace más de dos años, perdimos el contacto y se de oídas, que muchos de ellos, si no todos, han regresado a España.

En mi encierro voluntario, repasé una a una mis relaciones sexuales, tratando de recordar si tomé todas las medidas necesarias para evitar el contagio. Siendo totalmente sincero contigo, perdía la cuenta de cuantas eran y no lograba recordarlas todas, cosa que me llamó la atención puesto que nunca había reparado en ello aunque sabía que siempre había utilizado preservativo en todas ellas...

¿En todas ellas?

¿En todo momento?

La respuesta era que no y un escalofrío recorría mi cuerpo, al mismo tiempo que subía el volumen del televisor.

Martes 17 de Enero de 2017

Cuatro días habían pasado desde que me hice la prueba y por fin alguien, que días después supe que sería mi manager, fue quien se encargó de buscarme por el hospital para comunicarme que debería ir urgente a "Occupational Health".

Si los días anteriores había estado preocupado, ahora estaba temblando.

¡Me han llamado a mí!, ¡Solamente a mí! Me dirigía a mi objetivo exclamando, mientras el resto de mis compañeros se quedaban visitando las distintas áreas del hospital guiados por nuestra... siempre sonriente inductora.

Llegué a mi destino y allí estaba él, esperándome y no me molestaré en desvelar su nombre porque entre otras cosas no viene al caso y ya le perdoné. Me saludó con un insulso apretón de manos, mientras se aseguraba quien era yo preguntándome por mi nombre. Seguidamente me indicó que entrara en una sala y me invitó a sentarme a su izquierda, en una silla vacía junto a su escritorio.

Encima de la mesa solo había un teléfono, un bolígrafo y hojas de papel en blanco que acompañaban a un antiguo ordenador de sobremesa.

Este hombre comenzó la conversación, empezando a hacer una serie de preguntas, más bien a avasallarme con ellas, así lo sentía yo, las cuales contestaba pero que me hacían sentir muy incomodo.

Yo solo quería saber los resultados de mi análisis y poner fin a aquellos cuatro días de infierno que había vivido con esa espera. Así se lo comuniqué diciéndole, todo lo educadamente que mis nervios y las barreras del idioma me permitían en esos momentos:

"Por favor, ¿sería tan amable de comunicarme los resultados de la analítica y después no tendré ningún inconveniente en contestar a sus preguntas?"

Él, haciendo caso omiso a mi pregunta, continuó con su cuestionario.

Por segunda vez y antes de seguir respondiendo a lo que en ese momento, y ahora también, consideraba irrespetuoso y carente de empatía, volví a insistir en mi demanda y de nuevo le pedí, muy amablemente:

"Por favor, ¿sería tan amable de comunicarme los resultados de la analítica y después no tendré ningún inconveniente en contestar a sus preguntas?"

Él, lejos de contestar a mi demanda, me miró y me pidió que abandonara la habitación y que esperara fuera a que me llamara. Añadiendo que tenía que hacer una llamada al laboratorio para confirmar un resultado.

Me levanté, atónito por lo que estaba ocurriendo tengo que admitir, y salí de la habitación. Tal vez fueran minutos lo que estuve fuera de la consulta pero para mí, fue toda una eternidad.

Durante ese tiempo de espera supe, más que saber, asumí que la noticia que tendría que darme, iba a confirmar que el resultado sería positivo, si no... ¿por qué tanto misterio? Me dije a mi mismo, que de ser así, iba a tomármelo con madurez, al fin y al cabo...

¡Yo me lo había buscado!

Por fin, fui llamado a entrar en la habitación y justo en el momento que me disponía a inclinar mi cuerpo para sentarme en la silla mencionada anteriormente, mi mirada se dirigió al papel que ahora ya no estaba inmaculado... leí claramente:

"HIV positive, Hepatitis C positive". No tuvo que comunicarme nada...
¡Yo lo leí!

Él rápidamente, en un intento de remediar su falta de rigor, dio la vuelta al chivato que me notificó el resultado, al mismo tiempo que yo, me llevaba las manos a la cabeza. Pude observar, en ese instante, cómo su rostro empezó a enrojecerse cuando le miré y repetí, esta vez en voz alta, lo que el papel me había desvelado: "HIV positive and Hepatitis C positive".

Él, con la cara más roja que los tomates que utilizamos en Andalucía para hacer el gazpacho y con una voz que apenas podía salirle del cuerpo, me confirmó que así era.

No me preguntó ni como estaba ante la noticia, solo me indicó que le siguiera...

...y levantándose de su sillón salió de la habitación.

Evidentemente, yo estaba, no sé ni cómo describirlo, estaba…

…¡en

total

SHOCK!

No solo tenía el VIH positivo, sino también, y por segunda vez en mi vida, el virus de la Hepatitis C (VHC de ahora en adelante).

Muy callado, atónito con la situación que estaba viviendo, me levanté y le seguí como me indicó, más que seguirle le perseguí por el Hospital ya que su paso era muy acelerado. Solo podía ver su despoblada coronilla junto al reverso de su jersey marrón y sus pantalones verde oscuro.

Después de un no tan corto "paseo en línea", llegamos a una sala donde me indicó que esperara a ser llamado por el médico que me atendería.

Y, sin más, se fue y me dejó allí.

Sentí que se despojó de mí como el que se despoja de un desperdicio.

Se fue, sin tan siquiera despedirse de mí, lo cual no caracteriza por cierto, a la bien conocida como refinada educación de la cultura inglesa.

Yo no sabía, ni donde estaba, ni que iban a hacer conmigo...

¡VIH y VHC! ¡No podía creerlo!

Te recuerdo, mi paciente lector, que yo llevaba apenas unos días en este nuevo hospital, es más, estaba aún en periodo de prueba, es más aún, ni siquiera había empezado a trabajar en mi destino, quirófano y que todo esto sucedía en Inglaterra y con el polémico BREXIT encima de la mesa.

Te he contado mi experiencia de cómo me enteré que tenía VIH y VHC en mi cuerpo para dejar claras dos cosas que te dije aclararía al final de mi relato.

1.- Soy enfermero, también soy paciente, y como ambos, denuncio la falta de empatía que algunos trabajadores del sector de la salud, manifiestan, cuando se enfrentan a dar este tipo de noticias, o dicho de otra manera, cuando tienen que comunicar "malas noticias", ya sea por desinformación acerca del tema o por sus propios prejuicios que hacen que etiqueten y rechacen a la persona que tienen enfrente o simplemente no les importe en absoluto quien tienen delante o que, pudiera ser también, no sepan cómo enfrentarse a este tipo de situaciones... sea cual sea la opción por la que la empatía brilla por su ausencia, denota un miedo y una falta, ya no de profesionalidad, que eso es obvio, sino de humanidad y que como resultado, solo produce un daño adicional innecesario, creando en el paciente mayor angustia y aislamiento.

Como profesional sanitario que soy, entiendo que hay que estar preparado para saber cómo dar este tipo de noticias. Así como tenemos que ser muy conscientes, de que nuestra actuación contribuye en una medida, mucho mayor de lo que pensamos, a que el paciente o cliente...**LA PERSONA** que recibe la noticia, pueda aceptarla con dignidad y créeme cuando te digo, que la va a necesitar, te hablo ahora como paciente, para superar y aceptar su nueva situación.

Dignidad, que el paciente va a necesitar también, para confiar en el sistema sanitario y adherirse al tratamiento.

Dignidad, que la persona que se tiene delante va a necesitar, para tener fe y esperanza.

2.- Ese es mi consejo para todos los profesionales sanitarios cuando se enfrenten a tener que dar este tipo de noticias:

Si un paciente pregunta, es porque está preparado para recibir la respuesta, aunque esta no vaya a ser de su agrado. Por lo cual, contestarle con honestidad, no solo facilitará el poder dar esa "mala noticia", sino que rebajará el nivel de estrés y ansiedad del paciente. De no hacerlo así, aumentará la angustia de la persona, de manera innecesaria y añadiría que hasta cruel.

Y recordándote mi relato, eso fue precisamente lo que me produjo el shock

CAPÍTULO 7

LA CONFIRMACIÓN

Cabizbajo, mirando a un suelo que ni siquiera veía, sin apenas atreverme a mover el cuerpo de la silla donde me dejaron… tirado y esperando en aquella sala… de no sabía dónde, me hacía preguntas como:

¿Dónde, cuándo, quién me transmitió esto?

¿Qué va a pasar conmigo ahora?

¿Podré trabajar en quirófano con este resultado?

¿Me deportarán de UK por este motivo?

¿Y ahora qué?

…

Pensaba en cómo se lo diría a mis hijos, a mi madre, a mi familia en general, ellos están a 2000 km de distancia…

¡Todo era muy confuso!

Parecía como si no fuera yo el que estuviera esperando en aquella sala, algo tan raro, que me cuesta transmitir ese sentimiento con palabras, nunca antes había tenido una sensación igual: No me lo podía creer, veía como todos mis planes de futuro se iban a la basura. Tenía cincuenta y tres años y pensaba que mi vida estaba acabada. Otra vez me sentí maldecido, un nacido para sufrir y esta era la clara confirmación…

¿Ahora esto, precisamente ahora que parecía que todo iba sobre ruedas?

¿Ahora esto, que estaba feliz ante un nuevo proyecto de vida y que estaba cumpliendo mis objetivos?

¡Lo consideraba injusto!

Me enfadé conmigo porque, aunque no sabía con certeza ni el dónde, ni el cuándo, ni quién o el cómo me lo transmitieron, tenía claro que en algún momento cometí un error y confié en la persona equivocada. Era consciente de que en algún momento bajé la guardia y como enfermero, me avergonzaba haber actuado de manera tan negligente.

Me enfadé con Dios, me lo tomé como un castigo, como una injusticia…

¡Otra desgracia más que me mandas!

Me enfadé con la vida. "¡La vida es hermosa!", dicen. Yo solo podía pensar que era un asco y que tal vez merecía la pena "quitarse de en medio".

Me enfadé con el mundo. ¡El mundo es un lugar cruel! ¡Todos los demás pueden ser felices, excepto yo!

¡Y me lo creía!

Me maldecía por el hecho de ser homosexual y por mi pasado como heroinómano...

¡Tenía todas las papeletas!

¿Cómo te extrañas de que te hayan podido transmitir estos virus Fernando? Me castigaba preguntándome. Solo veía mis fracasos y con esta nueva experiencia encima, me planteaba:

¿Para qué habré nacido yo?

Pregunta, mi amigo lector, que algún tiempo después quedó contestada cuando descubrí, el significado de mi existencia, después de mi "muerte y resurrección", pero eso sería después de mi duelo, en aquel momento la utilizaba para fustigarme, mientras esperaba en aquella sala de no sabía dónde, ni tenía claro para qué...

Y mientras esperaba, en silencio, maldecía... y mientras más maldecía, más me enfadaba...y mientras más me enfadaba, más me culpaba... y mientras más me culpaba... más sufría.

No sé muy bien si me quedaba alguien más con quien enfadarme.

Lo que sé, es que no paraba de tener pensamientos y es asombroso lo rápido que se puede llegar a pensar en determinadas situaciones, ¿te has dado cuenta de ello?, ¿alguna vez te ha pasado a ti? Nuestra mente, como seguro tú ya sabrás, lo hace con la intención de protegernos, para que no conectemos con emociones de desesperanza, angustia y dolor y evitar así lo que considera un peligro.

Llegados a este punto de lectura, puede que te estés preguntando cómo me sentía en aquellos momentos.

Te lo responderé gustoso:

Tenía miedo, mucho miedo y me sentía solo.

Estuve más de una hora esperando en aquella sala y recuerdo que avergonzado, esquivaba la mirada de las personas que pasaban, tenía la sensación que todos ellos, sabían el por qué estaba yo allí.

Me parecía que la gente me miraba y me señalaban como si fuera un apestado.

Como verás, mi querido lector, una hora da mucho de sí para "comerse el coco", ¿verdad?

Hasta que por fin, un hombre de mediana edad, calvo como yo y con una sonrisa de oreja a oreja, me preguntó: ¿Es usted José Pablos? Naturalmente le contesté que si, aunque mi nombre no es exactamente ese, estoy acostumbrado a que aquí, en Inglaterra, me llamen así. No obstante, le aclaré que yo tengo dos nombres: José y Fernando y que, como español que soy, también tengo dos apellidos: Díez y Pablos, pidiéndole al terminar mi banal explicación, me llamara Fernando que es como me gusta ser llamado. Después de esta innecesaria aclaración que solo denotaba mi estado de nerviosismo, me condujo a una sala de consulta en la que dentro de ella, me invitó a sentarme mientras se presentaba: soy el Dr. Smith, (nombre inventado por mi ya que el suyo real, no lo revelaré por respeto a su identidad), y seguidamente comenzó a hablarme muy deprisa, y por supuesto en inglés. Entre mis nervios y su fuerte acento irlandés, no me enteraba de nada y le pedí, por favor, que hablara más despacio y en un inglés que pudiera entender un niño de diez años. Comentario que le hizo gracia y comenzó a reírse.

¡Es increíble el poder que tiene una sonrisa!

Fue su sonrisa, aunque también su mirada, lo que me transmitió compasión y empatía ante la angustia que experimentaba en aquel crucial momento.

Pude tranquilizarme al comprender que estaba en buenas manos.

Aún sonriendo, me miró y me preguntó, esta vez en un inglés que pude entender claramente, que cómo me encontraba tras haber recibido esta noticia. Respiré profundo y a continuación me desahogué, todo lo que la velocidad con que se atiende a los pacientes en una consulta médica permite.

El Dr Smith, después de escuchar atentamente el shock que había supuesto esta noticia para mí, me dijo que íbamos a confirmar el resultado de la analítica y me explicó que iba a realizar una pequeña punción en mi dedo para obtener una gotita de sangre (igual que se realizan para saber los niveles de glucosa en personas diabéticas) y con una tira reactiva sabríamos si el VIH estaba en mi cuerpo. Tomando mi mano izquierda y sujetando el dedo corazón de la misma con delicadeza pero a la vez con firmeza, me pinchó con una lanceta. Un diminuto punto de sangre brotó tímidamente de la herida, pude sentir como aumentaba la presión que el Dr. Smith realizaba hasta que la gotita de sangre alcanzó el volumen suficiente para que la tira reactiva que tenía sobre la mesa preparada, cumpliera con su función... en tan solo un unos segundos la citada tira cambio de color, indicando que efectivamente el VIH habitaba mi cuerpo. Y así el Dr. Smith me lo confirmó. Ante su explicación, yo volví a no enterarme de nada, esta vez no era debido a su fuerte acento irlandés ni a mi nerviosismo. Esta vez fue debido a que...

¡Yo estaba estupefacto!
En solo unos segundos, me confirman que tengo el VIH.

¿Por qué había tenido que pasar estos cuatro días de espera para saber los resultados? ¡Había vivido cuatro días de angustiosa espera cuando podría haberlo sabido en segundos! No salía de mi asombro, ni daba crédito a lo que estaba viviendo y mientras el Dr. Smith me hablaba, mi cuerpo estaba a su lado pero mi mente estaba ausente invadida por el miedo.

¿Y ahora qué?

Yo soy español y estoy en Reino Unido… mi mente empezó otra vez a hacer de las suyas y las preguntas que me iba formulando, empezaron a acumularse en mi cabeza, con mayor rapidez que antes, Pude observar, como el Dr. Smith se esforzaba en tranquilizarme, supongo que por la expresión que mi cara le transmitió…todo fue en vano… estaba de todo menos tranquilo. Podía notar como un sudor frio salía por cada poro de mi piel y me humedecía todo el cuerpo, llegando incluso, a empañar mis gafas...

¿Tendré derecho a tratamiento?
¿Podré trabajar en quirófano al tener estos virus?

¿Me despedirán del hospital al haber descubierto esto?

¿Me deportarán?

¿Se los habré transmitido a alguien más?

Sinceramente, la última pregunta era la que más me hacía estremecer y con la que más sudaba.

Muchas preguntas que lo único que me causaban era miedo, incertidumbre y más miedo.

Me parecía que todo aquello no era real y que en algún momento despertaría de aquel, el que parecía, un mal sueño.

CAPÍTULO 8

MI IGNORANCIA

Empecé a estudiar enfermería cuando tenía cuarenta y cinco años de edad y me gradué con cincuenta. Al terminar mis estudios, igual que otros muchos colegas, opté por emigrar ante la falta de trabajo que el sistema sanitario español ofrece a nuestro sector. No obstante tengo que admitir que con ello ganamos en experiencia y adquirimos los puntos necesarios para optar a tener más oportunidades de aspirar a un trabajo decente en España.

Triste pero cierto: España nos forma como enfermeros para abastecer las necesidades de otros países en este sector.

Yo, en mi caso particular, no me vine a Reino Unido solo por la razón que he explicado. Lo hice, porque en mi vida y por una serie de acontecimientos que te relato más a fondo en el tercer libro de esta trilogía, "Más allá de El Espejo", necesitaba un cambio profundo y radical en mi vida y vi la oportunidad de mudarme a Inglaterra como la mejor posibilidad de matar dos pájaros de un tiro, además de que el Inglés, siempre había sido mi eterna asignatura pendiente. Sin pensármelo dos veces y contradiciendo lo que la mayoría de mis conocidos me aconsejaban como que estaba haciendo la mayor locura de mi vida, recogí todas mis pertenencias y me dirigí camino de Inglaterra. donde actualmente resido, desde hace más de cinco años.

Como profesional de la salud que soy, me avergüenza confesar que estaba totalmente desinformado de lo que significa vivir con el VIH hoy en día en pleno siglo XXI. Lo poco que sabía, era gracias a las asignaturas de farmacología y psicosociales que se imparten en la facultad donde estudié, que el VIH es considerado una infección crónica gracias a la acción de los nuevos fármacos. También sabía que desarrollar el sida, es una posibilidad muy remota, casi nula, si tomas el tratamiento antirretroviral adecuado, tienes una buena adherencia a él y llevas un estilo de vida saludable, aunque un momento…

¿Lo sabía?

Lo había estudiado, eso sí que lo recordaba, pero…

¿Realmente lo sabía?

Tengo que admitir que lo estudié, como también había estudiado otras asignaturas, para superar un examen, en caso de que "tocara" ese tema.

Aunque soy homosexual y tengo un pasado de adicción a la heroína, veía la posibilidad de que me transmitieran el VIH como muy remota, casi nula.

¡Ya ves lo equivocado que estaba!

Ni el amor, ni la edad, ni la formación académica que tengas, ni siquiera tu orientación sexual, seas hétero, homo, bi o transexual…, es un seguro que te proteja de esta pandemia y…

Si piensas lo contrario, tu también estas equivocado.

Más bien, mal informado o totalmente desinformado, como era mi caso. La ignorancia de pensar que esto les ocurrirá a otros y no va a pasarme nunca a mí, es realmente lo que está provocando que esta pandemia continúe su camino.

No pretendo aburrirte, nada más lejos de mi intención, con datos estadísticos. Yo al menos me aburrí leyendo su complicado lenguaje.

Lo que si pretendo es informarte con cifras, acerca de los nuevos diagnosticados con VIH que El Ministerio de Sanidad, Consumo y Bienestar Social en su informe: Vigilancia Epidemiológica del VIH y SIDA en España 2017 (ACTUALIZACIÓN 30 de Junio de 2018) ofrece como cifras reales.

Tomo el ejemplo de España no porque sea español, sino en realidad y según manifiesta dicho informe, a nivel de Europa, las estadísticas muestran porcentajes similares, aunque con ciertas características a la alza en España y ese es el motivo por el cual lo he elegido.

Dicho informe en su apartado: 3.2.1 NUEVOS DIAGNÓSTICOS DE VIH EN EL AÑO 2017, asegura que el 82,5% de los nuevos diagnósticos de VIH en 2017 fueron de transmisión sexual.

De los cuales el 54,3% corresponde a hombres que tienen sexo con hombres (literalmente así lo describen ellos).

El 28,2% corresponde a la población heterosexual (literalmente así lo describen ellos).

Este informe también asegura, en sus conclusiones que: *"Actualmente la tasa global de nuevos diagnósticos de VIH en España está en niveles similares a los de otros países de la Región Europea de la OMS"* y continua diciendo que: *"Sin embargo, aunque la mejora respecto a décadas pasadas es indudable, la tasa es superior a la media de la Unión Europea y de los países de Europa Occidental"*.

Más adelante, y en las conclusiones de dicho informe, asegura que: *"Las relaciones sexuales no protegidas entre hombres ocupan el primer lugar en cuanto al mecanismo probable de infección en el conjunto global de datos"*.

Y continua diciendo: *"…el colectivo de HSH* (hombres que tienen sexo con hombres) *es prioritario para los programas de prevención, especialmente el grupo entre 25 y 34 años donde las tasas son más elevadas"*.

Una cosa que me parece de lo más positivo de este informe es que, en el apartado que ocupa el quinto lugar en las conclusiones, hace referencia a: **"En España la prueba del VIH es gratuita y confidencial para todos. Sin embargo, el 47,8% de las personas diagnosticadas de infección en 2017 presentaba**

diagnóstico tardío, (la presencia de una cifra de CD4 inferior a 350 células/µl). *Es esencial que la población y los profesionales sanitarios sean conscientes de que cualquier persona que realice prácticas de riesgo es vulnerable al VIH y de la importancia de diagnosticar la infección lo antes posible"*

Asimismo, muy interesante es el hecho de que destaca que: *"Durante el periodo 2009-2017 el diagnóstico tardío, (presencia de una cifra de CD4 inferior a 350 células/µl) ha disminuido ligeramente de forma global pero no se observan cambios significativos según modo de transmisión. Las cifras en HSH* (hombres que tienen sexo con hombres) *son menores que en heterosexuales y en PID (*Personas que se Inyectan Drogas) *en todo el periodo"*

En el penúltimo apartado de dichas conclusiones, este informe, admite que: "La tendencia de las tasas de nuevos diagnósticos de VIH en el periodo 2009-2017 es ligeramente descendente y varía según el modo de transmisión. La tendencia es decreciente en PID (Personas que se Inyectan Drogas) y también en casos de transmisión heterosexual. La tasa en los HSH (Hombres que tienen Sexo con Hombres) españoles desciende a partir del año 2015 mientras que entre los nacidos en otros países se mantiene estable".

En su último apartado, y con ello termino este "copia y pega", concluye: *"Respecto a los nuevos casos de sida, la información aportada por el Registro Nacional indica que, tras casi dos décadas de tratamiento antirretroviral eficaz la reducción de la incidencia de sida en España ha sido enorme. No obstante, este descenso, inicialmente espectacular, se ha ido ralentizado en los últimos años"*

Te dejo aquí el enlace para que, si tienes interés te puedas informar más a fondo de su contenido:

https://www.mscbs.gob.es/ciudadanos/enfLesiones/enfTransmisibles/sida/vigilancia/doc/InformeVIH_SIDA_2018_21112018.pdf

Se pueden sacar muchas conclusiones de este informe.

Yo las que destaco son tres:

PUNTO UNO:

Llaman a la población de mayor incidencia de nuevos casos de VIH en el periodo mencionado como: "Hombres que tienen sexo con Hombres" y a mí me gustaría saber que significa esto realmente. Al leer: Hombres que tienen Sexo con Hombres, lógicamente cualquiera puede pensar que se refiere a hombres homosexuales pero no utiliza esa generalización como si lo hace en el caso de los heterosexuales. Esto me inclina a pensar que en sus estudios, cuando hacen referencia a hombres que tienen sexo con hombres, no solo se refiere al colectivo de hombres gais, sino que también incluye a hombres bisexuales y hombres, supuestamente con vida heterosexual, que de manera casual tienen sexo con hombres.

Conozco muchos casos de esos.

Es más…yo fui uno de ellos.

Creo que si este tipo de población se segregara en un apartado diferente y se diferenciara entre población de Hombres Homosexuales/Bisexuales y población de Hombres que tienes Sexo Esporádico con Hombres, la población gay se vería disminuida en un porcentaje importante en estas estadísticas.

Digo esto tratando de hablar alto y claro, de una vez por todas, y desmitificar el concepto de que la transmisión del VIH es cosa de homosexuales y prostitutas, que aún y sorprendentemente está anclado en ciertas mentalidades mal informadas de nuestra sociedad y en pleno siglo XXI todavía, lamentablemente, existe.

PUNTO DOS:

Destaca que en España (y hasta donde yo sé en todos los países que forman la Unión Europea) **la prueba del VIH es gratuita y confidencial para todos, pero aún así, el 47,8% de las personas diagnosticadas de infección en 2017 presentaba diagnóstico tardío.**

Estoy seguro que si acudes a la consulta del médico de familia con cualquier dolencia y si éste conoce tu orientación sexual y sabe que eres homosexual o bisexual, una de las primeras preguntas que te hace es:

¿Te has realizado la prueba del VIH alguna vez?

Con lo cual nos ofrece la oportunidad de iniciar el tratamiento tempranamente si corresponde, antes de que los síntomas de enfermedad aparezcan, evitando con ello, muchas complicaciones de salud. Lo que por un lado, a mi modo de ver, fomenta el estigma y la discriminación, por otro, nos favorece, ofreciéndonos la posibilidad de una detección precoz.

Dudo, que este tipo de preguntas se realicen, en la una consulta de una visita rutinaria al médico de familia, a la población heterosexual y por consiguiente, tampoco se la cuestionarán a los hombres que son aparentemente heterosexuales, o sea, que llevan una vida de aparente heterosexualidad, incluso casados y con hijos pero que de vez en cuando tienen sexo con hombres. Lo que pensando de manera lógica y a mi juicio, creo que son los que más alto porcentaje ocuparían dentro de ese 47,8% de personas diagnosticadas de VIH en fase tardía.

"Y añadió Jesús:
¡Quien tenga oídos para oír, que oiga!"
Marcos 4-9

No pretendo juzgar a nadie, nada más lejos de mi intención, tampoco es ni mi propósito ni mi misión pero si alguien se ha sentido ofendido o aludido, con mucho amor y humildad le digo que es buen momento para cuestionarse el por qué.

¡Cada cual tiene bastante con su cruz!

PUNTO TRES:

A mi modo de ver, no existe ninguna población de riesgo que esté más expuesta a la transmisión del VIH que otras. Pienso que al difundir este mensaje, solo se consigue "etiquetar", con todos estos informes oficiales, a homosexuales, trabajadoras del sexo y drogadictos por vía intravenosa, contribuyendo a la confusión de la población en general, así como aumentar la discriminación por parte de la sociedad y el estigma que aún hoy en día, rodea a esta infección, marginando más si cabe, a estos colectivos.

TODOS ESTAMOS EXPUESTOS AL VIH.

Lo que sí que creo, es que existen prácticas de riesgo, independientemente de tu orientación sexual y del uso de drogas, que abren las puertas a la transmisión.

Concienciarnos de lo anterior, es empezar a estar bien informados y aceptar que TODOS estamos expuestos. Asumir esta realidad, es tomar nuestra responsabilidad para detener esta pandemia.

Para finalizar con este capítulo y como conclusión propia, te diré amado lector que:

Si eres homosexual, heterosexual, bisexual, transexual o cualquiera de las etiquetas que la sociedad quiere poner a las personas sexualmente activas. Dicho de otra manera, si eres una **persona que está viva** y has tenido una, solo una relación de riesgo, ya sea: Hombre con hombre. Mujer con mujer. Hombre con mujer. Mujer con hombre. Hombre o mujer con juguetes sexuales que has compartido (tales como dildos o consoladores) sin protección, si eres Hombre o Mujer y has compartido jeringuillas o canutos que se utilizan para esnifar drogas por la nariz: ¡Hazte la prueba!, por tu propio bien y por los demás.

Te puedo garantizar que conocer la verdad es mejor que vivir con la incertidumbre y siempre creando excusas para convencerte de que tú no.

Hazme un favor pero sobre todo, házlo a ti mismo y a las personas que más amas…

¡HAZTE LA PRUEBA!
ES GRATIS Y CONFIDENCIAL.

CAPÍTULO 9

PRIMERAS SEMANAS TRAS EL DIÁGNOSTICO.

El mayor trabajo que intenté hacer durante las primeras semanas, meses más bien, tras conocer el diagnostico de la prueba del VIH, fue aparentar que todo estaba bien, y pretender que todo está bien cuando por dentro estás devastado, es un trabajo difícil y agotador, a la par que estresante. Fingía estar bien, con un falso buen humor y sin sonrisa en mi cara, cuando realmente me estaba torturando con una serie de pensamientos muy negativos, culpándome a mí y a todo. Recuerdo que con lo que más me castigaba era por mi condición de homosexual y por mi pasado como heroinómano. Y no precisamente utilizaba esas bonitas palabras, más bien era algo así como...

¡Esto te pasa por maricón y drogadicto!
¡Te lo tienes bien merecido!

Puedo estar equivocado o puede que no, pero eso mismo o algo similar puede que sea, lo que tú estés pensando al leer estas líneas con respecto a mí. Sinceramente espero equivocarme, pero en el caso de que esté en lo cierto, eso mismo que estás pensando, es un gran indicador de lo que tú crees que es esta enfermedad y a quienes afecta. Recuerda que yo quiero ayudarte y que me dirijo a ti con mucho respeto y amor, pero eso que, insisto, pudiera ser que estés pensando, no denota otra cosa más que tus viejas y obsoletas creencias que nada tienen que ver con la realidad actual del tema, sin darte cuenta que lo único que consigues con tus prejuicios y con tus juicios, es que estés abiertamente expuesto a ser uno de los próximos afectados, pensando que nunca te ocurrirá a ti…porque tú no eres eso o lo otro. Para tranquilizarte, te diré que eso, precisamente eso que tu pueda ser que pienses, era lo que yo creía que los demás iban a pensar de mi, cuando se enteraran de mi nuevo estado. Razón de más por la que lo ocultaba a toda costa.

¡Nadie da lo que no tiene!

Permíteme que explique algo que considero es de gran utilidad: Cuando damos por hecho lo que los demás pensarán acerca de nosotros, al enterarse de esto o de lo otro, lo que estamos haciendo, son proyecciones de lo que nosotros pensamos, acerca de nosotros mismos.

Realmente, no tenemos ni idea, de lo que los demás pensarán.

Podemos estar en lo cierto, o no. ¡No somos adivinos!, yo al menos no lo soy.

Ante el miedo de que nuestra verdad se conozca, o lo que es lo mismo, sentirnos descubiertos y careciendo de la información sobre lo que los demás pensarán con respecto a nosotros si se enterarán de ello, nuestro cerebro rellena esa información con la información que si tiene, en este caso, rellena ese vacío con el concepto que tú tienes de ti mismo y lo proyecta, a modo de juicios, de lo que los demás pensarán de ti al enterarse. Ese es el mecanismo que utiliza nuestra mente para protegernos. ¿Complicado de entender? Espero que no.

No obstante, lo diré de otra manera: Cuando sentimos miedo al qué pensarán o dirán los demás por algún motivo, es porque a nosotros no nos agrada lo que pensamos de nosotros mismos por el tema que sea. Nuestra mente ante el vacio de no saber y la obligación de tener que dar una respuesta, obsesionada en su misión de defendernos, se alarma y nos intenta proteger del peligro, proyectando nuestros propios pensamientos y miedos, nuestros propios juicios, en las respuestas que creemos tendrán los demás, por lo que optamos, por no contar nuestros secretos a nadie.

Es la respuesta de nuestra mente y así funciona pero lo que ella no sabe y ahora tú sí, es que ella no es adivina.

¿Nunca te ha pasado de esperar una reacción por parte de alguien, ante una noticia que tú le das y encontrarte con otra reacción que no era la que tú estabas esperando?

Te sorprenderías, al igual que me pasó a mí, de las diferentes reacciones que las personas a las que les confías un secreto puedan tener.

Hablando de las proyecciones, es esencial que tengas en cuenta que somos nosotros los que creamos la aceptación o el rechazo por parte de los demás. Es crucial y por tanto muy importante, el concepto que tú tengas de ti mismo, el cariño y el respeto con el que tú te trates a ti mismo y tu nivel de autoestima porque de ello depende que los demás te respeten y te acepten.

Si tenemos la autoestima alta, si nos aceptamos y nos tratamos a nosotros mismos con amor y respeto, eso será lo que proyectaremos en los demás hacía nosotros; o sea, que somos dignos de amor y respeto. Los demás lo percibirán de esta manera y como consecuencia, nos considerarán y estimarán.

Por el contrario, si tenemos la autoestima...por los suelos y nos rechazamos y nos discrimínanos, por mucho que tratemos de disimularlo, sabremos que eso no es verdad y los demás nos percibirán como falsos y eso es lo que proyectaremos en los demás hacia nosotros, o sea, falsedad. Como consecuencia, los demás nos verán dignos de ser rechazados y créeme cuando te digo que... ¡lo harán!

Llegados a este punto, siento la necesidad y también la obligación de decirte algo que creo te va a ayudar, mi amigo y querido lector y puede que tú ya lo sepas o lo hayas oído antes pero aún así, considero que te vendrá bien recordarlo...

¡Confiar, es una cuestión de autoestima!

Y otra cosa importante que creo también te ayudará, es que no es en los demás en quien tienes que confiar, eso es secundario...

En quien tienes que confiar es en ti.

Si tu autoestima es alta, no te importará tanto quien sí o quien no sepa tu secreto, no necesitas ni su aprobación ni su consentimiento, sencillamente porque tu...

¡Estarás seguro de ti mismo!

Por el contrario, si tu nivel de autoestima es bajo, te importará lo que piense todo el mundo, o dicho de otra manera, estarás condicionado por la opinión que cualquiera se pueda hacer de ti y vivirás con miedo al "qué dirán", impidiéndote ser tú, pero como siempre...

¡La elección está en tus manos!

Enlazando con este tema y centrándome nuevamente en mi relato, te estaba contando, mi estimado lector, que las primeras semanas, meses mejor dicho, tras mi diagnostico como VIH y VHC positivos, mi autoestima no estaba precisamente en un buen nivel, me castigaba con la culpa y no me quería en absoluto. Recuerdo que pensaba, más que pensar, me prometía a mi mismo...

¡Mi gran secreto irá conmigo a la tumba!

Aunque si bien es cierto y hay que tener en cuenta, era nuevo en esta ciudad y no conocía aún a nadie en quien poder confiar, para poder desahogarme sin miedo al juicio y al rechazo. Por lo que...

¡Todo el mundo era mi enemigo potencial!

Sin darme cuenta que...

Yo era mi único enemigo... y el peor de todos.

Estuve, por momentos, tentado de buscar consuelo en mi familia y amigos en España. Ellos están a más de 2000 Km de distancia, por lo que deseché esa idea al considerar que sería una postura egoísta por mi parte y además, pensé que con decírselo, iba a causar más daño que beneficio porque tuve en cuenta que abrirme a ellos en ese momento que yo estaba aún en shock, angustiado por la noticia, sería preocuparles en vano y no conseguiría mejorar mi situación en nada, sino más bien todo lo contrario. Para darles un mal rato siempre hay tiempo. Por otro lado, ya tenía yo bastante con lo que vivía a diario en el Hospital y con mis compañeros de piso. Sopesando todo lo anterior, decidí que primero tenía yo que digerir la noticia y poner orden en mi vida para estar preparado para afrontarlo, momento que sería cuando se lo confesaría. Fue entonces cuando tomé la decisión de no comunicárselo ni a mis hijos, ni a mi familia, ni a mis amigos.

Esa fue mi decisión de aquel momento y creo que acertada, en mis circunstancias pasadas. Panorama, que como puedes comprobar ha cambiado, al igual que lo ha hecho mi nivel de autoestima, hasta el punto, de que ahora soy capaz de escribir un libro al respecto.

¿Cómo he conseguido esta transformación tan radical en mi forma de entender, de pensar, de sentir y por consiguiente de actuar ante esta nueva realidad en mi vida? Es lo que trato de explicarte en este libro y puede que a ti no, pero estoy seguro de que un familiar tuyo o un amigo o alguien al que conoces, esté en una situación similar por la que yo atravesé y que te estoy transmitiendo en este libro y le hará bien saber, lo que comparto en esta trilogía.

DEL CULPABILIZAR AL ASUMIR

Presta atención, ¡si tú!... la persona que tiene este libro en sus manos...hazme un favor...acércate... más cerca aún... un poquito más... ¡ahí está bien!... es suficiente...¡GRACIAS! Quiero confesarte algo... pero no se lo puedes contar a nadie, ¡será nuestro secreto!, ¿vale?...

Las primeras semanas, incluso puede que meses, tras descubrir que mi cuerpo alojaba, sin mi permiso, a estos dos virus oportunistas, me estuve cuestionando, más bien torturando, con las preguntas acerca el cómo, cuándo, dónde y quién me los transmitió. Siendo totalmente sincero contigo, creo que fue debido a mi desenfrenada vida sexual pero no estoy al cien por cien seguro de ello...

¡No sé cómo me los transmitieron!

De todas formas, dejé de cuestionarme ese tipo de preguntas cuando me di cuenta, que lo que estaba haciendo era buscando una persona a la que culpar, cuando en realidad, el único responsable de esta situación soy yo. Por otro lado, asumí que el saber el cómo, cuándo, dónde y quién me los transmitió, no cambia para nada el hecho de que estos huéspedes estuvieran en mi cuerpo. Fue entonces, cuando dejé de victimizarme y tomé el control y la responsabilidad de mi nuevo estado...y de mi vida.

BUSCANDO SALIDAS

¡Ahora que caigo!... No estaba totalmente solo en esta nueva ciudad, sí que tenía a alguien en quien confiaba y era accesible para mí: el Dr. Smith. Él me citaba cada dos semanas para realizarme más pruebas y era el único momento en el que yo me permitía hablar sobre mi nuevo status. Aparte del doctor, nadie más, se podría decir que estaba al borde de la exclusión social siendo cierto que este aislamiento era voluntario y elegido por mí desde el miedo que sentía.

Pensándolo mejor... realmente fue voluntario... y no tan voluntario... porque ocurrieron situaciones en estas primeras semanas que fueron si no traumáticas, si dolorosas y me explico:

En un primer intento de aliviar mi reclusión y tratando de evitar el sentimiento de soledad que ello conllevaba, busqué la manera de encontrar personas con quien hablar de lo que es vivir con VIH. Alguien que tuviera experiencia en el tema y que como yo, tuviera el VIH positivo y que me hablara desde la experiencia y no desde la teoría o desde el punto de vista médico que me hablaban en la consulta.

Buscando una solución a mi inquietud, pregunté en la clínica si existía algún grupo de apoyo al que pudiera asistir, tipo grupo de autoayuda, al estilo de alcohólicos anónimos, para que te hagas una idea. No tuve que esperar demasiado y me contestaron que había una asociación con sede local, aquí mismo en Plymouth, que supuestamente tenía reuniones semanales entre personas que como yo, portaban este virus gorrón en sus cuerpos. Ante esta agradable noticia, yo "vi el cielo abierto" como diría coloquialmente. Cuando me dieron su nombre, (que no desvelaré...de momento), y la forma de contacto, recuerdo que estaba nervioso, eran nervios de alegría porque pensaba que por fin iba a conocer personas que me entendieran y me ayudaran a superar ese malestar tan amargo que tenía.

Te confesaré que tenía miedo de llamarles por teléfono, tanto miedo tenía y te puede sonar ridículo, al menos a mi me lo parece ahora, pero era como si al contactarles y darles la posibilidad de que escucharan mi voz, quien me contestara al teléfono, fuera a saber, adivinara por "ciencia infusa", quién era yo y me identificaran como "un apestado" que, como tú ya habrás imaginado mi amigo lector, era exactamente con el adjetivo con el que yo me auto-flagelaba. Por ese motivo, decidí ponerme en contacto con ellos por email., me pareció como algo más impersonal y donde no me exponía tanto. ¡Y fíjate lo que es no pensar con claridad!, o lo que es lo mismo, pensar desde el miedo que no me percate de que en mi cuenta de coreo electrónico, esta mi nombre y apellidos, ¡qué más personal que eso!, ¿verdad? Pero como te decía, me puse en contacto por email con ellos, describiendo mi nueva situación y lo que andaba buscando.

¡Nunca me respondieron a dicho email!

Pasados unos días y no conformándome con su no respuesta y ante mi angustia, afrontando mis miedos y mis prejuicios, o sea, por pura necesidad, les llamé por teléfono para informarme... "más personalmente".

Una señorita, señora más bien por lo que delataba su voz, de manera muy educada, como corresponde a la cultura inglesa, atendió mi llamada y ante mi demanda, ella me contestó que hacía tiempo si se realizaban ese tipo de reuniones, pero que hacía más de un año se habían cancelado, por falta de personal cualificado para atenderlas. Me quedé "de piedra" al escuchar sus palabras: **"¡Las habían cancelado por falta de personal cualificado para atenderlas!"**, me repetía mentalmente, mientras mis esperanzas de encontrar apoyo y alivio se desvanecían dando paso nuevamente a la desesperación.

¿Es que acaso no hay más personas que como yo, estén en esta misma situación?

Automáticamente pensé que yo debía ser la única persona con el VIH en toda la ciudad y que necesitaba ayuda. Esta señora, añadió que dicha asociación, se estaba planteando volver a incorporarlas pero que eso no sería antes de finales de Mayo o Junio de ese año (2017). ¿Finales de Mayo o Junio de ese año? Estábamos en Febrero...

Yo sentía que necesitaba ayuda y la necesitaba: ¡Ya!

…no a finales de Mayo o Junio del 2017.

Colgué el teléfono y allí me quedé yo, sentado en la cama, atónito, moviendo la cabeza de lado a lado, a la vez que mis hombros se encogían, decepcionado y abatido repetía:

¡Es increíble! ¡No me lo puede creer! ¡No hay nada!

No podía dar crédito a lo que había escuchado por el frio teléfono: No había nada en toda la ciudad que pudiera ayudarme.

Cansado, desalentado y triste, me tumbé en mi lecho, mientras la esperanza que albergaba de encontrar a alguien que me ayudara, se iba al garete.

Al miedo y a la soledad que ya sentía de por sí, se le sumó más miedo y más soledad pero esta vez unida a la impotencia de saber que nadie podía ayudarme. Esa era la cara oculta que a nadie mostraba.

Al mundo mostraba una cara de; "todo estar bien" y la otra... La cara que ocultaba de mi, aquella que no mostraba, era un hervidero de sentimientos de frustración y rabia.

¿Te resulta familiar?

Lo que más me aliviaba en aquellos momentos eran las reuniones que tenía con el Dr. Smith, él realmente me animaba cuando me informaba de que tipos de tratamientos existían en la actualidad a mi alcance y me daba esperanza. Lo que no hacía era poner una fecha para iniciarlo.

Yo era lo que se llama VIH "detectable", lo que implica que la cantidad de virus que tienes en tus fluidos corporales es lo suficientemente alta como para poder transmitir el virus a otras personas. Mi obsesión era la de iniciar, cuanto antes la toma de los fármacos de los que tanto me hablaba el Dr. Smith y conseguir llegar a ser "indetectable", lo que significa que la posibilidad de transmitir el virus a través del semen u otro fluido corporal, se reduce a cero.

I = I
"INDETECTABLE = INTRASMISIBLE"

ACLARACIÓN IMPORTANTE

Antes de seguir avanzando, permíteme que haga dos aclaraciones que considero necesarias...

1.- Es muy importante para mi aclararte que: con respecto al virus de la Hepatitis C (VHC) y como te dije anteriormente, era la segunda vez que lo albergaba en mi cuerpo, por lo cual, sabía por propia experiencia que con el tratamiento adecuado, podía eliminarlo. Esto me tranquilizaba bastante aunque si bien era cierto que debería de empezar el tratamiento cuanto antes. A diferencia con el tratamiento para el VIH, debería ser visto primero por el departamento de Hepatología del Hospital donde trabajo, para que me evaluasen. El Dr. Smith, cada vez que le preguntaba al respecto, me decía que mi informe había sido enviado a dicho departamento y que debía ser paciente y esperar a ser llamado por ellos, añadiendo a continuación que este hecho, posiblemente tardaría un poco, debido a que la lista de espera que el mismo tiene, es muy larga. ¡Y tan larga que fue!, tardé en ser llamado por ellos nueve meses y no precisamente por la lista de espera. Pero cada cosa a su tiempo...

En la actualidad (2019) el VHC ya es, otra vez, historia y solo me queda el recuerdo de haberlo hospedado. No ocurre lo mismo con el VIH que hasta la fecha es imposible, de momento, eliminar en su totalidad del cuerpo humano, motivo por el cual aún me sigue "gorroneando como huésped". Ahora, después de esta necesaria explicación, espero que puedas entender mejor, estimado lector, el por qué me centro más en mi relato en el VIH.

2.- La asociación que mencioné anteriormente, aquella a la que fui a pedir ayuda aquí en Plymouth, esa que no voy a mencionar su nombre…de momento, esa a la que pregunté y no tenían en su agenda ningún tipo de ayuda ni para mi, ni para ninguna persona que portara el VIH cuando les contacté, ¡estoy seguro que la recuerdas!… pues siendo justo con ella y haciendo honor a la verdad: Actualmente es Diciembre del 2019 y aún dicha asociación se seguirá planteando si volver o no a incorporar en sus programas de actuación algún plan para ayudar, ya que dichas reuniones, según me confirmó la señora que me atendió al teléfono, se estaban planteando reincorporar en sus programas de actuación, a día de hoy (Diciembre 2019 como te dije antes) brillan por su ausencia. Aunque me consta que también hoy en día, se están organizando para hacer algo al respecto… Les consulté en Febrero del 2017, casi tres años han transcurrido, ¿cuándo harán algo?… aún es una incógnita.

CAPÍTULO 10

VIDA SOCIAL TRAS EL DIAGNÓSTICO

Por aquel tiempo utilizaba una App de contactos para gais muy popular, con la que mantenía conversaciones con distintos chicos...

Haciendo un inciso, te recuerdo que era nuevo en la ciudad y trataba de hacer nuevas amistades antes de descubrir que tenía el VIH positivo.

...No es por alardear pero tenía bastante éxito en esa App, mi acento español hablando inglés ayudaba y varios hombres querían tener una cita conmigo. Tras el descubrimiento de ser portador del VIH, decidí que no era justo tener una cita con alguien, cita que podría acabar en sexo, sin darle la posibilidad a la persona en cuestión, de decidir si quería arriesgarse conmigo o no.

¡Ojalá la persona que me lo transmitió a mi, me hubiera dado esa posibilidad!

¿O tal vez...ni siquiera él lo sabía?

Sea como sea, fui yo el responsable de no tomar las precauciones necesarias para evitar la transmisión. Esto, lo tuve y lo tengo claro desde el principio de enterarme de la noticia y me castigué con la culpa durante algún tiempo, como ya sabes.

Uno a uno se lo fui confesando a mis pretendientes y también uno a uno fueron dándome largas. Donde había morbo y ganas de conocerme, se convirtió, en unos mas educadamente que en otros, en un rechazo hacia mi persona.

No solo me sentía con miedo y solo, ahora además... me sentía rechazado.

No puedo transmitirte la angustia que eso me causaba, empezaba a sentir en mis carnes el estigma de lo significa tener el VIH en tu cuerpo. Admito, en el presente, que no les culpo en absoluto. Más bien, creo que ellos agradecieron mi sinceridad pero tenían miedo de que se lo transmitiera y tomaron su decisión. Decisión, que para mí fue dolorosa en su momento ya que llegué a pensar que mi vida sexual estaba acabada pero que sin embargo, hoy en día se lo agradezco.

¡Ellos se lo perdieron! Aunque, siéndote sincero, yo también.

Por otro lado, desde mi perspectiva actual, veo que en realidad, yo al comunicárselo lo hacía desde el miedo.

Pensaba de antemano que iba a ser rechazado y ¡claro está!...
¡ERA RECHAZADO!

Yo no me aceptaba a mí mismo, mi autoestima estaba por los suelos. No aceptaba que tenía a este huésped, el VIH y esperaba que ellos lo aceptasen y con ello conseguir el sentirme más aliviado.

¡Era como si estuviera mendigando amor!

NO IMPORTA QUIEN TU SEAS. IMPORTA QUIEN TU CREES SER

Llegué a creer de mi mismo que yo era el VIH, solamente eso y nada más y por lo tanto…

¡No valoraba de mí, nada más que el hecho de ser VHI positivo!

LA DECISIÓN POCO ACERTADA

Te estaba hablando del rechazo que sentí con mis pretendientes al informarles que yo "era" VIH positivo. No sin esfuerzo, me confesaba a ti y admitía que se lo comunicada desde el miedo a ser rechazado y que eso era como esperar ser aceptado por ellos, cuando yo mismo no me aceptaba. Si te das cuenta, ponía la responsabilidad de aliviar mi dolor en sus manos y así huir del miedo a la soledad que tenía. Con ello, como ya habrás podido adivinar, delegaba mi poder en ellos. En realidad, estaba como mendigando una cita o una relación. Limosneaba, sin ser consciente de ello en su momento, con la intención de ser aceptado porque aún estaba en el victimismo o dicho de otro modo, estaba desde el "pobrecito de mi" o "mira lo que me ha ocurrido" y me compadecía con ello, inspirando pena en el otro y así conseguir su aceptación. Lo que te dije anteriormente...

Estaba en el rol de victima total.

¿Conoces a alguien que esté actuando desde ese rol?

Pero avancemos que aún me quedan muchas cosas que contarte: En resumen, con todo lo que te acabo de confesar anteriormente, estaba suplicando amor. Pues bien, en esa situación donde el rechazo se había hecho presente, no se me ocurrió otra cosa que pensar que la solución, tal vez estaría, en encontrar, en esa App que estaba utilizando, a alguien que como yo "fuera" VIH positivo ya que, ingenuamente pensaba, al estar los dos en esa misma situación, todo sería más fácil porque no habría ningún peligro de ser rechazado.

Aparte de, no te lo voy a negar, que vi la posibilidad de tener de nuevo una vida sexual activa. Cosa que echaba de menos.

¡GRAN ERROR!

¿Acaso puede un ciego guiar a otro ciego? ¿No caerán ambos en el hoyo?

Evangelio de Lucas 6:39

Este evangelio resume a la perfección mi experiencia de encontrar a alguien que, como yo, portaba el VIH e iniciar una relación…de dependencia.

Pero empezaré por el principio: Encontré a este chico, James, (le llamaré James que no es su verdadero nombre, por respeto a su intimidad), en la App de encuentros para Gais que te mencione anteriormente. En un principio no le hice caso ya que el físicamente no me atraía demasiado como para tener un encuentro, pero ante su insistencia y mi falta de autoestima en ese momento, decidí empezar a chatear con él y darle una oportunidad, aunque si te soy sincero y como habrás podido deducir, tampoco tenía demasiadas opciones donde elegir.

En un principio, yo no sabía que él tenía el VIH y yo estaba con el miedo en el cuerpo de decir la verdad y afrontar otro rechazo. Fue cuando decidimos quedar en persona, cuando él me lo confesó. Respiré aliviado al saberlo porque vi claro, desde mi soledad y mi miedo que esta sería la perfecta unión donde además de estar acompañado, podríamos ayudarnos mutuamente.

Sin olvidar, claro está, la necesidad de tener sexo que yo tenía y que podía ser cubierta con esta relación.

Quedamos un domingo por la tarde y sin entrar en muchos detalles, te puedo decir que iniciamos una relación que se mantuvo por unos meses. Meses que fueron un desastre pero que como experiencia fue muy enriquecedora para asumir que ese no es el camino correcto.

Como resumen te diré que aprendí, si bien a base de sufrimiento, que lo que mejor tengo en mi vida es a mí mismo y es en quien primero debo confiar.

Volví a aprender, y esta vez para no olvidarlo, que si la confianza en mí mismo falla, falla todo lo demás.

Volví a aprender, y esta vez para no olvidarlo, que si a alguien tengo que amar primero, es a mí.

Volví a aprender, y esta vez para no olvidarlo, que tenía que trabajar en elevar mi autoestima antes que estar con nadie para que me estimase.

Volví a aprender, y esta vez para no olvidarlo, que el sexo, aunque es importante, no puede ser en centro de mi vida.

Era lo mejor que tenía esa relación: Buen sexo sí, pero... ¿A qué precio?

Volví a aprender, y esta vez para no olvidarlo, que una vida sin valores, es una vida vacía.

Volví a aprender, y esta vez para no olvidarlo que nadie da lo que no tiene y lo que yo tenía en aquel momento no era precisamente nada positivo, excepto tener el VIH en mi cuerpo.

Como verás amado lector, esta relación me aportó un gran aprendizaje, además de ser una pieza clave en mi transformación. Aunque también me aportó sufrimiento porque fue sufrimiento lo que viví, ya que fui yo quien decidió prolongar en el tiempo el dolor. Dicho de otra manera: Vivía situaciones que eran desagradables y me producían dolor, me dañaban y sabiéndolo, siendo consciente de ello, las pasaba por alto por el miedo a quedarme otra vez solo. Lo único que conseguía, con mi voluntaria ceguera, era que los mismos trances, se repitieran una y otra vez.

¿Te suena familiar mi historia?

Se repitieron hasta que dije...

¡Basta! ¡Ya he tenido suficiente!

Llegué al punto que el miedo a quedarme solo fue menor que seguir soportando una relación que lo que me aportaba era más dolor que placer.

Tengo que ser sincero contigo y admitir, que por todo lo que te he mencionado antes, estoy muy agradecido a esta experiencia, incluido el dolor que sentí porque fue ese dolor el combustible que me impulsó a iniciar mi transformación, por lo que:

Agradezco a James, el haber entrado en mi vida.

Agradezco a Dios, que me pusiera esta experiencia delante para que avanzara.

Agradezco a mi mismo, el haber tenido la humildad de aprender de esta relación y perdonar tanto a mi mismo, como a él, por los errores cometidos.

Como diría coloquialmente:

"¡Supe hacer del limón, una limonada!"

No sin antes, pasar por un periodo de soledad que rehuía a toda costa y que era precisamente, lo que más necesitaba. Poner en orden mis ideas, pensar con claridad y sin interferencias externas…Necesitaba el retiro para encontrarme y reconciliarme conmigo.

CAPÍTULO 11

MI LUGAR DE TRABAJO: QUIRÓFANO

Te contaba, querido lector, que descubrir que portaba el VIH, hizo aflorar una mezcolanza de sentimientos que me angustiaban, producidos por una amalgama de pensamientos negativos y destructivos... Pues bien, en medio de todo eso, estaba el trabajo.

Me leí todos los protocolos que pude encontrar acerca de lo que es ser enfermero en Reino Unido y tener el VIH, y no olvido también el VHC, en mi cuerpo y trabajar en un hospital.

Aquí te dejo algunos enlaces que a mí me ayudaron en su momento.

En España

http://webcache.googleusercontent.com/ search?q=cache:https://www.mscbs.gob.es/ ciudadanos/enfLesiones/enfTransmisibles/sida/ publicaciones/profSanitarios/recomendaciones.htm

https://www.cesida.org/

https://trabajandoenpositivo.org/

http://www.seisida.es/

http://www.gtt-vih.org/

En Reino Unido y EEUU

http://positivelyuk.org/project-100- 2/

http://aidsmap.com/

https://assets.publishing.service.gov.uk/government/uploads/system/uploads/attachment_data/file/819631/Integrated_guidance_for_management_of_BBV_in_HCW_Quick_reference_guide.pdf

https://www.gov.uk/government/publications/bbvs-in-healthcare-workers-health-clearance-and-management

https://aidsinfo.nih.gov/understanding-hiv-aids/fact-sheets/19/45/hiv-aids--the-basics

https://www.thebody.com/

https://www.unaids.org/es

Estos protocolos están muy estandarizados por la OMS (Organización Mundial de la Salud), razón por lo cual no variaran mucho entre Reino Unido y España.

Todos ellos coinciden en el hecho de que si tu estado es de "indetectable", hablando del VIH, no tienes por qué tener ninguna limitación en cuanto al cuidado de los pacientes, sea cual sea tu función en el hospital.

En lo que también coinciden, es en el hecho de que se tienen que realizar controles rutinarios con analíticas de sangre, cada tres meses en mi caso, que corroboren tu status de "indetectable"

En cuanto a tener el VHC activo, los protocolos varían pero en general destacan el hecho, de que se pueden tener restricciones en el cuidado de los pacientes, si se realizan ciertas funciones invasivas. Restricciones que pueden llegar a ser prorrogables, hasta los seis meses después de haber finalizado con éxito el tratamiento. El motivo de ello, es asegurar que el peligro de transmitir el virus a otra persona, es nulo porque significa que ha sido eliminado con éxito de tu cuerpo. Por lo tanto, después de este periodo, no tiene porque existir ninguna limitación, en cuanto a las actuaciones como enfermero, sea cual sea la función que se realice.

Tengo que confesarte que me ha costado mucho encontrar información fiable y actualizada acerca de los aspectos legales de ser enfermero y portador del VIH o del virus de la hepatitis B o C y trabajar en un centro sanitario en España.

La información más fiable y actualizada que encontré fue a través de la Coordinadora estatal de VIH y sida, (CESIDA) y por parte de la organización Trabajando en Positivo.

Trabajando en Positivo me aportó un documento muy valioso, a través de su coordinador Julio Gómez, el cual está disponible en su página web desde septiembre de 2019, con el título: *"¿Existen ocupaciones de cuyo ejercicio debe excluirse a las personas con Virus de la Inmunodeficiencia Humana (VIH)?"*. Incluyendo en dicho informe, el desempeño de las funciones de los enfermeros que portamos el VIH.

Quiero destacar de CESIDA me aportó, a su vez, un documento, también muy valioso, llamado: *"Podemos ayudarte! Atención y cuidados enfermeros a las personas con el VIH"*. Dicho documento, editado por GTT (Grupo de Trabajo sobre Tratamientos del VIH), es específico para enfermería y cuidados del paciente con VIH, para que las y los profesionales enfermeros podamos desempeñar nuestras funciones de la mejor manera posible con este tipo de pacientes.

A continuación, te dejo el enlace de este documento por si te pudiera interesar:

http://gtt-vih.org/aprende/publicaciones/podemos_ayudarte_edicion_2019

Por otro lado, CESIDA, también ofrece, a la persona que quiera realizarse la prueba para comprobar si es o no portador del VIH de manera confidencial y gratuita, la Información (incluida en su página web) del centro al cual puede dirigirse y que este cercano a su residencia. Te dejo el enlace directo a este servicio

https://www.cesida.org/inicio/donde-hacerse-la-prueba-del-vih/

Además, acompaña a las personas en el proceso, en el caso de que la prueba salga positiva, ofreciendo counselling y otra serie de servicios como asesoría legal en el caso de que lo puedan necesitar.

Desde aquí digo como persona portadora del VIH y como enfermero:

¡GRACIAS! ¡GRACIAS! ¡GRACIAS! Yo, carecí de este tipo de ayuda y asesoramiento cuando descubrí que portaba el VIH.

Después de este necesario inciso, continuaré con mi historia...

Como te contaba, después de todo por lo que estaba pasando: El shock inicial que me produjo la noticia, el fracaso buscando ayuda y la relación frustrada con James, estaba mi trabajo. Yo no estaba en tratamiento para combatir a ninguno de los virus que campaban a sus anchas por mi cuerpo y por lo tanto, no tenía idea si podía realizar o no, mis funciones de enfermero con los pacientes. Me había leído los protocolos que pude encontrar sí, pero eso no me tranquilizaba, de hecho, estaba trabajando en quirófano y mi estado era de "detectable" y sentía como que estaba mintiendo y que no estaba haciendo lo correcto.

El único punto de referencia que tenía como fiable era el Dr. Smith: Hablaba con él, de mi inquietud respecto a ese tema en la clínica y me insistía en que no me preocupara, ya que el servicio de Occupational Health, del que te hablé anteriormente, había sido informado de mi situación y que esperase a ser llamado por ellos. Para darme más motivos que me tranquilizaran, me confirmó que alguien de mi equipo (mi manager o superior) sería informado de mi situación y tendríamos una reunión los tres, Occupational Health, mi manager y yo, para discutir y decidir que sería lo mejor para mí y los pacientes. El Dr. Smith también me confirmó, en una de mis numerosas visitas a la clínica y ante mi insistencia, que si no era llamado para tener esa reunión, no era mi responsabilidad y que él asumía que eso indicaba que todo estaba bien conmigo. Te aseguro mi querido lector que lo que me decía el Dr. Smith, no hacía que me tranquilizara en absoluto, lo que conseguía era todo lo contrario, que aumentase mas mi ansiedad al estar esperando a la mencionada reunión cada día que iba a trabajar. Por otro lado, cuando le insistía en que yo era "detectable", él más insistía en que no me preocupara, que estuviera tranquilo y esperara. No me quedaba más remedio y eso hice: ¡Esperar! ¡Otra vez esperar! Esperar una reunión que no llegaba. Esperar a ser llamado. Todos los días esperaba y todos los días, antes de entrar en el hospital pensaba: Hoy es el día en que te van a llamar, ¡Fernando, tú tranquilo!, me repetía varias veces mientras bajaba la cuesta que conducía al Hospital después de haber dejado mi coche en el parking de graba para los empleados. A medida que me iba acercando, la puerta principal de entrada se iba haciendo más grande, así como más grande era mi ansiedad. Los latidos del corazón se me disparaban y ese sudor, el sudor frio que sin mi permiso se había hecho mi amigo, hacia que la ducha de la mañana y el desodorante, no surtieran el efecto deseado. Luego y ya dentro de mi destino, cada día, cuando me cruzaba con mi manager por los pasillos, cada vez que la veía aparecer por el quirófano donde yo estaba trabajando ese día; no podía evitar pensar que ya lo sabía, que ya le habían comunicado mi situación. El miedo me invadía y recuerdo que casi me paralizaba. "Ya ha sido informada y viene a llamarme para tener esa reunión", cavilaba al mismo tiempo que ese sudor frio, que ya me resultaba familiar y casi cotidiano, brotaba por cada poro de mi piel. Podía oler el hedor del pavor en él. Esta situación me generaba, día tras día, una cantidad de estrés innecesario pero real que viví en primera persona. Estrés que unido al estrés de tener que fingir que todo iba bien ante mis nuevos compañeros de quirófano…si te soy sincero, no se lo recomiendo a nadie.

¿Te lo puedes imaginar?

YO, MI GRAN ENEMIGO.

Los amigos en mi vida siempre han brillado por su ausencia, consecuencia por haber sido una persona muy reservada. Los secretos que mantenía guardados en mi interior, hacían de muro que me aislaba de los demás, por el miedo a ser descubierto, por el miedo a ser rechazado. Primero fue por ocultar mi atracción hacía los hombres, seguido por negar mi pasado como toxicómano y las consecuencias que ello conllevó. Ahora, sumado a todos ellos, ocultaba que era portador de estos virus.

Los secretos se me iban acumulando y a su vez ocultando quien yo realmente era, dando siempre una imagen falsa de mí.

¿Cómo se puede tener amigos actuando de esa manera?

Siempre vigilante y cuidando bien lo que decía y como actuaba para no delatarme.

Aunque estuviera a dos mil kilómetros de distancia de mi país, aunque viniera a Inglaterra a empezar una nueva vida; esa maleta, la maleta de mi programación, la manera que tenía de responder siempre de la misma forma ante determinados estímulos, mi manera de reaccionar ante las situaciones y afrontarlas, mejor dicho evadirlas, también me la traje conmigo como equipaje.

Me refiero a que en el trabajo, esta forma de actuar no fue diferente.

Fingía que todo estaba bien, aunque estuviera devastado, angustiado, con miedo y solo.

Pensaba sinceramente como que me estaban haciendo un favor, permitiéndome estar allí en el trabajo con ellos. Por ese motivo, me esforzaba el doble y no solo para demostrar que yo podía hacer mi trabajo, sino también para ser aceptado, tratando de demostrar que yo, por portar el VIH, no era menos que ninguno de ellos en quirófano. Comprendo ahora que esto era una locura, que todo estaba en mi cabeza, ya que ninguno de ellos sabía que yo tenía a este huésped en mi interior.

Estaba compitiendo con un enemigo, que no sabía si quiera, fuera mi enemigo.

Si te das cuenta, yo estaba actuando, otra vez, desde el rol de víctima. Puede que ellos no supieran nada de mi situación pero el hecho de pensar que me estaban haciendo un favor y que por ello me esforzara el doble en hacer mi trabajo y en agradarles, conllevaba que dejaba ver bien claro, mi bajo nivel de autoestima en ese momento.

¡Lo que das es lo que recibes!

En realidad y como ya te habrás dado cuenta, con el único enemigo que estaba batallando, era conmigo mismo.

Por las noches, cuando estaba solo en mi cuarto y a oscuras, era cuando me permitía llorar. Sentía, que Dios me había abandonado a mi suerte, poniéndome delante, el mayor obstáculo de mi vida. Lloraba a solas maldiciendo mi vida. No me avergüenza reconocerlo.

¡Esos, eran mis momentos de evasión!

CAPÍTULO 12

EL INICIO DEL TRATAMIENTO

Con todo lo que te he mencionado anteriormente a mis espaldas, llegó el momento de iniciar el tratamiento.

¡Algo bueno que ocurría a los dos meses de hacerme el test!

Algo tarde según las recomendaciones de todos los artículos científicos que había leído y hablan acerca de iniciar el tratamiento lo antes posible tras la detección. A mi modo de ver, dos meses es mucho tiempo en esas circunstancias. El Dr. Smith me explicaba que eso se debía a que tenía que esperar al momento óptimo para iniciarlo: Que si el recuento de CD4... que si la cantidad de virus en sangre... ¡Que se yo cuantas cosas más!

Quería solamente iniciar el tratamiento y llegar a ser "indetectable" para tener la tranquilidad de que no poder transmitir el virus a nadie y con ello, estar por fin tranquilo, teniendo la certeza de que el VIH estaba bajo control.

Haciendo un inciso, otro más mi amado lector, quería confesarte algo:

Me considero un privilegiado de que me hayan transmitido el VIH en la actualidad y no en los años 80 o 90 y me explicaré mejor: Hoy en día, el nuevo tratamiento con antirretrovirales o TAR, aparte de detener la multiplicación del VIH en el cuerpo hasta niveles de llegar a ser indetectable e impedir así que el virus pueda ser transmitido a otra persona, también permite tener una calidad y esperanza de vida semejante o igual en que la que podría tener si este "huésped indeseado y gorrón" no habitara en el cuerpo.

Tristemente e impotente, he visto, he sido testigo de cómo familias enteras morían de sida en los años 80 y 90 cuando me estaba rehabilitando, por primera vez, de mi adicción a la heroína y posteriormente en mis años trabajando en Proyecto Hombre de Málaga, debido a que en aquellos tiempos, el tratamiento del que se disponía para tratar de controlar el virus, era el AZT y poco más. Este medicamento, causaba unos efectos adversos que casi podrían describirse como una enfermedad en sí y que realmente mataban a ciertas personas que lo tomaban.

Era como tener una espada de Damocles encima y no saber cuándo se iba a precipitar sobre ti.

Todos tenemos grabadas en nuestra memoria escenas de películas como "Philadelphia", donde recordamos a su protagonista agonizando lentamente por el sida, o imágenes de la cadavérica cara de Freddie Mercury días antes de su fallecimiento.

Imágenes de muerte que se han quedado fijadas en la memoria colectiva y que en aquellos años eran una realidad mundial. Realidad que aún hoy en día, sigue vigente en ciertos sectores del mundo, donde por cultura, política, religión.... lamentablemente y sin hacer todo lo que está en nuestras manos por evitarlo, el acceso al sistema sanitario y a los medicamentos que podrían frenar esta pandemia, es una utopía y la gente sigue muriendo de sida. Eso me produce indignación e impotencia

En mi caso, me siento un privilegiado porque en la parte del mundo en la que vivo, el desarrollar sida es una posibilidad remota o nula, si estas en tratamiento con la nueva combinación de antirretrovirales, tienes una buena adherencia a él y llevas un estilo de vida saludable. También considero otro privilegio, el que las personas que no tienen el virus en su cuerpo pueden acceder a estar protegidos de la transmisión, tomando la medicación que se denomina PrEP. ¡Yo no fui tan precavido!, y por último, me siento esperanzado porque muy pronto saldrá al mercado un nuevo medicamento para combatir este virus. Este medicamento consistirá en una sola inyección y con un efecto, dicen de hasta seis meses, siendo indetectable. Una sola inyección que sustituirá la toma de pastillas a diario.

Me siento un privilegiado y siendo justo: hago un llamamiento a la solidaridad de todos para con los que no lo son tanto, solo por haber nacido en una zona del planeta donde a muy pocos interesa lo que allí ocurra.

Hago desde aquí una apelación a la conciencia de todos, para que seamos capaces de, entre todos, detener esta pandemia.

¡Juntos somos más fuertes y lo lograremos!

Como te estaba contando antes de esta declaración:

A los dos meses de enterarme que tenía el VIH, recuerdo que era finales de Marzo de 2017, el principio de la primavera y con ella, iniciaba el tratamiento a base de **Dolutegravir** y **Emtricitabina/Tenofovir** en dos comprimidos.

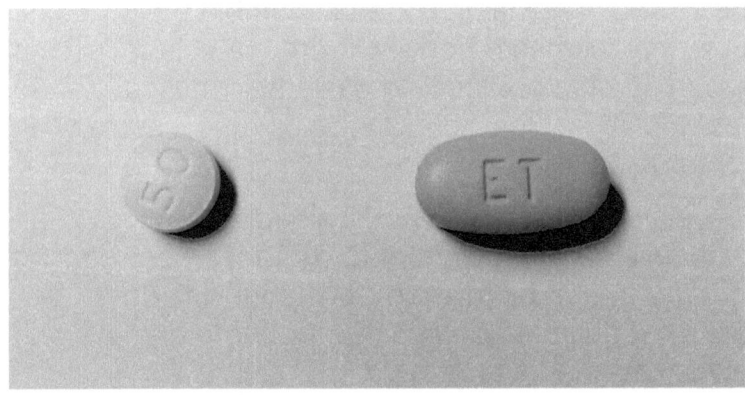

El Dr. Smith se mostraba muy entusiasmado pero no más que yo y aunque era consciente de que el tratamiento tendría que ser de por vida y de momento a diario, eso no era lo que me importaba. Lo que realmente me importaba era que ¡por fin!, podía apoyar a mi sistema inmunitario, para combatir a ese huésped gorrón y que dejara de campar a sus anchas por mi cuerpo, dañando y destruyendo a mis linfocitos CD4. Estaba entusiasmado y muy, muy esperanzado... ¡Tan convencido estaba de que estos fármacos iban a funcionar perfectamente en mí!, que en tan solo dos semanas conseguí ser indetectable.

¡Por fin había conseguido ser indetectable con respecto al VIH!,

a los casi tres meses tras el hallazgo.

Imaginaba cada noche, estando tumbado y relajado en mi cama, después de tomar la medicación, y justo antes de dormir; a estos dos fármacos, vestidos a modo de caballeros medievales. Los visualizaba de azul y amarillo crema sus estandartes, mientras podía sentir en mi interior, como cabalgaban, recorriendo todo mi cuerpo y a la grupa de sus corceles, en busca de su presa. Yo mentalmente les animaba en su empeño, al igual que veía claramente, como millones de bolitas blancas, resplandecían más y más; soñaba que eran mis CD4, a los que empoderaba. Era tan clara la imagen que de estos caballeros creé, que casi me cegaba, estando mis ojos cerrados, el resplandor de sus armaduras, cuando daban caza sin piedad, con largas y afiladas lanzas, al negro y escondido intruso, a ese virus invasor.

No me cabe duda que el coctel de fármacos hizo su efecto pero creo, estoy convencido de ello, que mi visualización ayudó y aún ayuda, a tener a este gorrón de virus bajo control. La actitud que tengamos ante la enfermedad es tan importante o más que los fármacos que tomemos y en cualquier caso, los dos juntos hacen que tu poder sea mayor.

Con respecto al VHC aún seguía a la espera de ser llamado por el departamento de Hepatología para ser evaluado e iniciar el tratamiento y mientras tanto, la reunión que debía tener con mi manager, no llegaba nunca. El hecho de conseguir ser indetectable, fue lo que me tranquilizó, casi por completo y por supuesto, las indicaciones con las que mi médico, el Dr. Smith, me aconsejaba. Motivo por el cual, mi nivel de estrés se redujo al normal de ser enfermero y trabajar en quirófano, tratando de manejar un idioma que aunque dominaba, todavía existían barreras que lo hacían todo más complicado pero aún así, era fácil de llevar.

Fue una sensación…no sé como describírtela, solo se me ocurre el calificativo de MARAVILLOSA, cuando empecé a sentirme más seguro de mi mismo al saber que no podía transmitir el VIH a nadie y aunque aún no estaba en tratamiento para desahuciar al otro huésped, el VHC, mi miedo se fue desvaneciendo y con él, la necesidad de agradar a las personas de mi entorno, se esfumó. Como consecuencia de que mi autoestima se estuviera recuperando, dejé de creer que me estaban haciendo un favor permitiéndome trabajar en quirófano y empezaba a valorar, el hecho de que mi puesto me lo ganaba yo cada día, con mi trabajo duro y constante.

¡Era yo mismo otra vez!
¡Empezaba a sonreír de nuevo!

Mi alegría fue mayor cuando a los seis meses de haber conseguido ser indetectable para el VIH y ante mi mucha, pero "mucha" insistencia, el departamento de hepatología me llamó, para ser evaluado e iniciar el tratamiento.

¡Por fin!

Según torpemente me explicaron ellos, el motivo de este retraso se debió, a que mi historial se traspapeló en un recorrido de no más de 300 metros que van, desde la clínica donde soy tratado por el VIH, hasta dicho departamento, dentro del mismo hospital y donde trabajo.

¡Nada de eso me importaba!

Lo que me importaba era que al fin iba a iniciar el tratamiento para combatir al virus de la Hepatitis C y estaba muy contento,

¡Estaba pletórico!

Sabía que en esta batalla, yo saldría vencedor como la vez anterior en la que fui tratado.

¡Mi alegría era inmensa!

Era Septiembre del 2017 y ¡por fin! tenía el tratamiento en mis manos, Zepatier se llamaba, compuesto de elbasvir/grazoprevir en un solo comprimido de toma diaria durante 12 semanas que a diferencia del anterior tratamiento para combatir el VHC que hacía años tuve a base de Rivabirina e interferón, con unos efectos secundarios horribles, este nuevo medicamento no me produjo ningún efecto adverso y si, el efecto deseado. Estaba emocionado, contento porque sabía que ahora tenía bajo control a estos dos virus y uno de ellos tenía todas las papeletas para el desalojo definitivo.

CAPÍTULO 13

VUELTA A EMPEZAR

Un día lluvioso de Noviembre, por la mañana temprano y coincidiendo a las dos semanas de haber iniciado el tratamiento para desahuciar al VHC, mi manager vino a verme al quirófano donde yo estaba trabajando ese día. Me saludó con una sonrisa en la cara y yo al verla no sentí ningún miedo ni estrés como cuando hacía meses sentía al verla aparecer, de repente, por los quirófanos. Incluso cuando "mi jefa" se dirigió a mí y me indicó que la siguiera a su despacho no pude imaginar lo que allí me esperaría, es más, recuerdo que la seguí pensando en lo que habría hecho yo mal esta vez, por lo que me iba a llamar la atención. Mi sorpresa fue mayúscula cuando me anunció, que había sido advertida, por parte de "Occupational Health", (medicina preventiva o del trabajador sería su homólogo en España y del que te hable anteriormente), que yo no era "PPE clear" y que no podría instrumentar como enfermero en quirófano, lo que se traduce que a partir de ese momento, tendría limitaciones en mi trabajo.

¿Ahora, a los diez meses de haber sido detectado que tenía el VIH y el VHC?

¿Ahora, que soy indetectable del VIH?

¿Ahora, que estoy en tratamiento para eliminar el VHC?

¿Ahora que empezaba a sonreir de nuevo?

¡Es injusto que sea ahora!

He esperado tener esta conversación durante muchos meses y ahora me parece totalmente injusto que se me restrinja de mis responsabilidades, le contesté. Esa fue mi reacción y mi respuesta ante el nuevo shock que me produjo esta noticia y te confieso, mi querido lector, que no me lo esperaba en absoluto. Fue, como se dice coloquialmente "un jarro de agua fría"...helada añadiría yo.

Mi manager, al ver el estado de ansiedad y estrés que esta noticia me estaba causando "me invito" a que me fuera a mi casa y que hablaríamos al día siguiente. Le contesté que sí, que me parecía justo irme ya que realmente estaba estresado.

La angustia y el miedo, que eran un recuerdo, volvieron de repente y ahora con más intensidad que antes.
Todo, absolutamente todo lo que en esos diez meses creía haber superado, se derrumbó en un solo instante.

¿TODO ME PASA A MI? O ¿TODO PASA PARA MÍ?

Me fui a mi casa, siguiendo las indicaciones de mi manager, no sin antes pasarme por la clínica y hablar con "mi sufrido" Dr. Smith acerca de lo que había sucedido. Él me tranquilizó al decirme que ahora que estaban los dos virus bajo control, no había ningún inconveniente como para que realizara mis funciones como enfermero de quirófano, según los protocolos del hospital. Todo lo que mi médico me decía, estaba muy bien y yo lo entendía, incluso con su marcado acento irlandés, pero no me tranquilizaba nada, ya que dudaba que mi manager estuviera al corriente de esos protocolos.

Recuerdo, como si fuera ahora, que por el camino de vuelta, conducía muy enfadado y como decepcionado. Empecé a sentir, otra vez, como la sombra negra de la desgracia se volvía a acordar de que existía y volví a caer en las inútiles lamentaciones y el victimismo. Me fui a mi casa pero no para volver al día siguiente.

Volvería cuando mi manager tuviera claro que yo no tendría ningún tipo de limitación en el trabajo.

Así se lo hice saber a ella. Estuve ausente por un periodo de dos semanas, tiempo que tardó mi manager en averiguar, siempre bajo el amparo de los protocolos y con la ley en la mano, que efectivamente en la situación de tener a esos dos virus bajo control, no había ninguna razón para tener ninguna limitación en mis tareas.

Durante los quince días que estuve de "retiro forzado", fue cuando leí todo lo que pude encontrar acera de lo que significa tener el VIH y trabajar como enfermero. Fue cuando comencé a sentir inquietudes que nacían en mi interior, acerca de ayudar a los demás.

Ayudar a que nadie, ninguna persona pase por los estados de desesperación, angustia y soledad por los que yo había experimentado y aún estaba atravesando.

Llegando al compromiso, conmigo mismo, de hacer algo, algo que no sabía en ese momento que seria, pero algo. La respuesta me vino unos meses más tarde, cuando estaba preparado emocional, laboral y físicamente para recibirla y dio como resultado el unirme, aquí en Reino Unido, al llamado "Project 100", así como tomar contacto con la organización "Positively UK". Unirme a ellos, me ayudó a que entendiera y aceptara lo que es el vivir con el VIH hoy en día y decidiera tomar acción. Te dejo su enlace de nuevo:

http://positivelyuk.org/project-100- 2/

Pero antes de que se produjera, la muerte de mi antiguo yo, fue cuando tuve que dar por finiquitada mi relación sentimental con James del que te hablé en capítulos anteriores.

Si te das cuenta, todo me estaba conduciendo a estar solo. Así al menos yo lo interpretaba y de alguna marera empezaba a no tener ese miedo compulsivo que antes sentía hacia la soledad, empezando a aceptar como que era, lo que realmente necesitaba.

Por otro lado, me ocurrió una situación de la que no fui totalmente consciente hasta un tiempo después, tal vez demasiado: Cuando regresé a mi lugar de trabajo después de mi "no buscado descanso", se creó en mí un sentimiento de gratitud hacia con mi manager, que sumado al sentimiento de pérdida por la ruptura con mi pareja, yo interpreté como que en mi trabajo estaba protegido.

Mi jefa, era la única persona, fuera de la clínica, que sabía de mi situación y eso hizo que confiara en ella totalmente. Reconozco que lo hice por necesidad, ya que llegué a un punto, en el que la negatividad hacia mi situación y hacía mi mismo, era tan destructiva que me impedía ser objetivo. Necesitaba confiar en alguien, tener un punto de vista que yo creyese objetivo, y además la tenia accesible, lo que facilitaba las cosas. Nuevamente, confié en la persona equivocada, y no quiero decir con esto que este superior en jerarquía no actuara de forma profesional, por supuesto que fue muy profesional y empática con mi situación, lo que quiero decir, es que:

Yo confiaba en ella más que en mí.

Le consultaba cualquier cambio que quería hacer de destino y mi manager, al darme su opinión, yo la aceptaba como valida aunque no fuera eso lo que yo quería ni deseaba hacer. Confiaba en ella pero…

A esto se le llama dependencia, ¡y lo es!

Me estaba protegiendo con sus opiniones y consejos, no tengo ninguna duda de su buena intención, lo que también estaba haciendo, aunque quiero creer sin ser consciente de ello, era proyectando con su opinión sus miedos y sus inseguridades en mi. Lo que aparte de proporcionarme seguridad y protección, también me estaba condicionando y con ello, limitando. Me llegué a sentir como encarcelado, preso en mi departamento. Me negaba a mi mismo, la posibilidad de desplazarme a otras aéreas del Hospital para promocionar mi carrera como enfermero, por el miedo que me invadió a ser descubierto como portador del VIH y exponerme a ser rechazado por ello.

No estaba preparado todavía para afrontarlo. No lo tenía asumido, ni gestionado,

Como habrás podido observar, estaba actuando desde el miedo y cuando eso sucede nuestras decisiones no son claras, las mías no lo fueron.

Cuando estamos dominados por el miedo, como era mi caso, no pensamos con claridad y estamos inseguros, frágiles ante las adversidades externas que en realidad no existen porque son ilusiones creadas por nuestros pensamientos influidos por el pavor.

Por otro lado, tengo que admitir mi querido lector, que esa postura de protección hacia mí, también me hacía sentir cómodo. Comodidad que no era gratis ya que yo sentía que tenía una deuda pendiente que saldar.

Fue en el silencio cuando me di cuenta de esta dependencia que yo mismo creé.

Como podrás comprobar, estaba viviendo mi vida con un planteamiento totalmente erróneo y del que no me percaté hasta que estuve en un periodo de soledad.

CAPÍTULO 14

LA RENDICIÓN, EL PRINCIPIO DE LA ACEPTACIÓN.

Todo, absolutamente todo lo que sucede en nuestras vidas, tiene una razón de ser.

A veces es duro de aceptar, lo sé muy bien.

Nada sucede por casualidad. Más bien, todo es un plan perfectamente diseñado por Dos o el Universo para ti. Para mí. Para cada uno de nosotros.

Hoy por hoy, admito que…

Todo, absolutamente todo lo que sucede y ha sucedido en mi vida, ha tenido y tiene una razón de ser.

Dios, el Universo, puso delante de mí las herramientas necesarias para que construyera mi vida con total plenitud y una y otra vez me hablaba, se comunicaba conmigo, mandándome experiencias para conseguirlo.

Era yo, el que durante muchos años estaba ciego a verlas. Y con esta ceguera...

Era yo el que creaba mi "nefasta realidad".

Y lo más grave, es que sabiendo, o **creyendo saber** más bien, que esas herramientas me llevarían a la plenitud,

Yo decidía escuchar a mi comodidad e ignorarlas.

Pero como te indiqué en capítulos anteriores, Dios nunca me abandonó a mi suerte, como yo creía. Muy por el contrario, Él estaba mimándome, mandándome más experiencias, a cual más fuerte, para que abriera los ojos y despertara.

"En cuanto a vosotros, hasta los cabellos de vuestra cabeza están contados".
Mateo 10-30

Dios conoce hasta cuantos cabellos hay en nuestras cabezas, por lo que sabe de nuestro potencial, estoy convencido de ello y creo que Él, no nos manda una prueba para la cual no estemos preparados y sepamos cómo afrontarla y superarla.

Dios nos ama y esa es la prueba de ello.

Aplicando lo anterior a mi historia, aunque en su momento fuera doloroso y lo viera injusto y sin sentido y aunque en su momento me rebelase ante ello y te va a parecer una locura lo que te voy a confesar ahora, pero es la pura verdad.

Hoy en día sé que el tener el VIH, ha sido mi mayor bendición.

Esta bendición ha hecho que todo en mi vida cobre una nueva dimensión. Y es que la enfermedad, es el último, o mejor dicho, el penúltimo aviso, que nos envía Dios para indicarnos que por ahí no está nuestro camino, se convierte en esa pieza del puzle que, al colocarla en el conjunto, da sentido a la imagen que antes no podía, o no quería, ver. O dicho de otra manera: Él quería que reaccionara y abriera todo mi ser a un nuevo estado de consciencia y como consecuencia de ese proceso de superación personal, de mi metamorfosis, todas las situaciones que han ocurrido y he experimentado en mi vida, tomaron un nuevo sentido y ese descubrimiento me animó, fue como el combustible que necesitaba para que me atreviera a contar mi historia. Lo sentí como una responsabilidad y que sería muy egoísta por mi parte callármelo y no compartir con el mundo mis aprendizajes. De ahí, nació esta trilogía, "Crecer o morir" de la que forma parte el libro que sostienes en tus manos. Estos tres volúmenes han sido, dictados por mi alma y yo he puesto el corazón en ellos, rompiendo con las obsoletas barreras de mis miedos y superando la limitación de mis juicios que tienen como misión, la de transmitir mis experiencias y con ellas, las lecciones de vida, compartiendo contigo, mi amado lector, mis secretos, con el humilde propósito, de ayudarte a ti y a cuantas más personas mejor.

Paradójico, ¿verdad? Y es que…

"Dios escribe derecho sobre renglones torcidos"

Pero para llegar a ese punto de aprendizaje, tuve que atravesar mi desierto, tuve que enfrentarme a lo que más temía, la soledad y rendirme al plan que Dios tenía para mí. Me explicare mejor:

La situación de espera de cuatro días antes de saber los resultados de mi test de sangre, que a primera vista puede parecer injusta e innecesaria, y es exactamente como yo le he vivido por algún tiempo, para mí, con mis características y en mi caso particular, tiene una razón de ser.

El rechazo que sentí por parte de las personas que estaban interesados en conocerme y al comunicarles que tenía el VIH cambiaron radicalmente de opinión, fue doloroso en su momento, no te lo niego como ya te admití, pero también tenía una razón de ser.

La angustia que sentí, al no poder contar con la ayuda de la asociación a la que recurrí, buscando personas que como yo, fueran portadores del VIH y que me orientaran, en los duros momentos tras el diagnostico, también tiene una razón de ser.

El que mi relación sentimental con James, otra persona VIH positiva, como ya te conté, fuera un desastre, fue doloroso, no te lo voy a negar, pero también tuvo una razón de ser.

La dependencia que yo mismo había creado con mi manager por la necesidad de confiar en alguien ante mis miedos pero también ante mi comodidad que te admití, mi amado lector, en el capitulo anterior, también tuvo una razón de ser.

Si te das cuenta, todo, absolutamente todo, me llevaba a la soledad.

Soledad que necesitaba y no quería.

Soledad que me incomodaba, en su silencio no podía escapar de mi mismo y quería huir desesperadamente

Soledad que llegué a aceptar y se convirtió en mi mejor compañera.

Fue en la noche oscura de mis sentimientos, cuando me encontré con mi verdadero ser.

En la soledad me reconcilie conmigo.

Fue, en la que quería ser mi amiga soledad y yo le huía, donde llegué a perdonarme por mis actos y cuando la pesada carga de la culpa desapareció con el perdón, mi miedo a estar solo se fue de la mano con la angustia.

Fue un gran descubrimiento, Estaba solo si....pero no me sentía solo y lo mejor de todo era que estaba bien.

La alegría por este descubrimiento y la liberación que me produjo el perdón, contribuyeron a que empezara a ver las cosas más claras, a percibir señales que antes no veía. Manifestaciones, como la que tuve con el joven "homeless" que me sonrió al pasar por su lado o como la del reflejo en el espejo y como en otras más, que, surgidas como de la nada, se presentaron ante mí en forma de libros, audios o incluso videos que cayeron en mis manos, sobre crecimiento y superación personal que me hicieron despertar del letargo en el que me encontraba. Indicios, que me llevaron a hacer una retrospección sobre mi vida y analizar, sin miedo y en profundidad, sin tapujos y sin engaños y sin parches, mis experiencias pasadas y encontrarles un nuevo sentido. Descubrimientos, todos ellos, que me han llevado a ti, mi amado amigo lector, para desvelarte mis secretos.

En la soledad y cuando el jaleo que distorsionaba mi mente, desapareció y dio paso a la calma, pude ver claramente que en quien tenía que confiar era en mí mismo.

En la soledad me sentí mas acompañado que nunca, sentí que estaba conectado a todo y que todo era yo.

Lo pude ver con una claridad absoluta. Llámalo que somos energía y que formamos parte de la energía universal, llámalo que somos hijos de Dios y que estamos hechos a su imagen y semejanza y por ello somos todos hermanos. Llámalo como quieras, ponle el nombre que te convenga y más se adapte a tus creencias que esos meros formulismos, no dañaran su mensaje, no va a cambiar el hecho de que:

¡Todos estamos conectados!
¡Todos somos uno!

Había estado buscando las respuestas en los lugares equivocados, en las personas equivocadas. Pude ver, pude sentir que recordando estaba aprendiendo, o dicho de otra manera, que yo, al igual que tú, NOSOTROS, TODOS NOSOTROS, tenemos todas las respuestas que necesitamos en nuestro interior. Solo que hay que saber escucharlas.

Todo empezó a fluir y supe, intuí con una intensidad extrema, lo que tenía que hacer, una voz me lo susurraba, era mi alma hablándome claro, diciéndole a la mente lo que quería y tenía que hacer con mi vida.

Fue en la soledad cuando empezaron a aparecer las respuestas.

Con mi amiga la soledad aprendí, que si no sabía qué hacer, mejor era no hacer nada y dejar que en mi mente entren y salgan los pensamientos sin forzarlos, sin enfocarme en ninguno en concreto. Las respuestas empezaban a fluir a mí en esos estados de divagación. Me empecé a comunicar bien conmigo, a tratarme con respeto y cariño, a darme amor; y comprendí que si sabia comunicarme bien conmigo, sería capaz de comunicarme bien con los demás. En el estado en el que me encontraba, mi alma se despertó aún más y avivó mis empolvados sueños.

Las respuestas aparecieron cuando recordé todo lo que anteriormente había leído y escuchado acerca de superación y crecimiento personal y que nunca había estudiado, ni practicado seriamente y que ahora, en la soledad, estaba decidido a tomar acción.

No tenía tiempo que perder.

Ya había desperdiciado bastantes horas, días e incluso años de este maravilloso regalo que es la vida. Entendí el significado de la espiritualidad cuando conocí a un Dios que verdaderamente me ama y que quiere para mí, lo mejor que pueda llegar a ser y que es por ello que me ha mandado toda serie de experiencias para, una vez superadas, fuera el entrenamiento necesario para estar preparado para este momento.

Las respuestas aparecieron: Al cuestionarme preguntas e indagar. Cuando en lugar de victimizarme, estuve preparado para recibirlas. Cuando me reconcilié con la soledad y disfruté de ella.

Hoy en día, agradezco todo el dolor que ha conllevado el trabajo de aceptación y crecimiento personal que he realizado en este tiempo transcurrido porque considero que ha merecido la pena, mejor dicho la alegría que he obtenido en mi vida y estar delante de ti, sin mascaras, hablándote claro, sin titubear mi voz, como te estoy hablando y ¿sabes por qué lo hago?, ¿quieres saberlo? Ok, te lo diré:

¡Confío en ti al igual que confió en mí!

Hoy en día, mi actitud es totalmente distinta a la actitud que tuve antes de saber que el VIH habitaba cuerpo.

Antes era como un roble, fuerte y rígido. Ahora soy más parecido a un junco, delgado y flexible.

Si lo piensas bien tiene mucho sentido.

El roble es fuerte y alto, orgulloso y frondoso en las alturas. Destaca por ello ante los demás arboles que le acompañan.

El junco, sin embargo, parece débil y quebradizo y bien puede pasar desapercibido por su falta de belleza.

Sin embargo, en una fuerte tormenta donde los momentos difíciles hacen destapar "la caja de pandora" y los rayos y la fuerza de esos vientos harán derribar la rigidez del roble que se quebrará en dos.

No ocurrirá lo mismo con el junco. Este se muestra con humildad y acepta su condición pero da de sí lo mejor que puede dar y al ser flexible, se inclinará a merced del viento lo que su delgado tallo le permita, resistiendo así sus embestidas.

¿Quién es pues más victorioso?

¿Aquel que con orgullo muestra su rigidez y que con la fuerza de los vientos y las tempestades se quiebra?

o

¿Aquel que con humildad sabe lidiar con las tormentas de la vida y se levanta fortalecido después de cada embestida?

¡Dejemos pues, de ser rígidos como el roble!

¡Seamos flexibles, como el junco de la marisma!

CAPÍTULO 15

EL PODER DE LAS PALABRAS

Como ya habrás podido observar mi amigo lector, mi vida era una especie de caos donde yo me encontraba perdido y empezaba a desesperar. El haberme enterado de que portaba el VIH, dominaba mi vida y ponía todo mi empeño en que nadie se enterara.

En medio de esta confusión, una persona, un hombre de nombre Laín y que más tarde se convertiría en uno de mis mentores, llegó a mi vida y de la manera más inesperada que me pudiera imaginar. Este ser de luz, como a mí me gusta llamarlo, me recordó algo que yo había escuchado e incluso estudiado años atrás pero me di cuenta que aún no sabía:

"Nos movemos básicamente por dos emociones: Placer o dolor".

Esas fueron sus palabras en medio de un mensaje que apenas escuché. Estas palabras me sobrecogieron, las había escuchado antes como te dije pero nunca me habían impactado como hasta ese momento. Esto, hizo que recapitulara y me vinieron al instante recuerdos, como aparecidos de la nada, de cuando estaba familiarizado con la psicología humanista, de la que te hablé al principio de este libro. Algo ocurrió dentro de mí cuando volví a escuchar esas palabras que me hicieron re-aprender su significado y teniendo eso en cuenta, lo que yo hice fue asociar mucho dolor a utilizar ciertas palabras y placer a usar otras, siguiendo los consejos de mi maestro y que te traslado a ti por si te puede ayudar.

¡El resultado fue sorprendente!

Me explicaré mejor y te pondré mi ejemplo como caso para que se entienda mejor y con la intención de animarte a que tu lo apliques en el tuyo: Para cambiar las creencias que tenía y me hacían daño al estar limitándome con respecto al VIH, empecé por cambiar mi vocabulario y pasé de decir: Yo soy VIH positivo, que me producía dolor, a decir: Yo tengo el VIH, que me producía, si no placer, evitación del dolor. Fue un cambio simple pero con una gran repercusión porque el sentido tan negativo que le estaba dando a mi vida empezó a cambiar por completo y con ello, mi autoestima fue creciendo en positivo a medida que empecé a utilizar este nuevo tipo de vocabulario.

Cambió totalmente el concepto de ver a este virus como que él está conmigo pero yo no soy él.

Sustituí frases, más que frases sentencias que me dañaban como: "Yo soy VIH positivo" que además me limitaban, a decir: "Yo tengo el VIH en mi cuerpo" que le limitaba a él. Con ello conseguí cambiar mi errónea creencia de: Yo soy él, a creer: ÉL está conmigo. Empezaron a cambiar mis creencias y comencé a ver y llamar al VIH como: huésped indeseado, inesperado y gorrón, cosa que no puedo evitar de momento pero que me hicieron entender que yo soy mucho más que él, él no me define, soy yo quien le mantengo a raya.

"TENGO UN HUESPED.
YO PONGO LAS MORMAS"

Utilizar apropiadamente las palabras hace que tu mente entienda las situaciones de una forma diferente.

Recuerda…

¡Tú cambias y todo cambia!

Te invito a que lo intentes, mejor aún, te animo a que lo hagas.

¡Te sorprenderás de los resultados!

Y no tienes que tener a este virus, como huésped

gorrón recorriendo tu cuerpo, para hacerlo. Tu caso puede ser que no sea el mío pero este sistema será igual de efectivo si lo aplicas en tu vida y con tus circunstancias.

Te invito, nuevamente y con todo mi entusiasmo mi querido lector, a que empieces por identificar aquellas palabras con las que te limitas, aquellas frases con las que, estoy seguro sin ser tu intención, te dañas a ti mismo, aquellos conceptos negativos y destructivos que sobre ti te dijeron y que tanto te hirieron pero que sin embrago, tu creíste como ciertos y distes como validos, esas sentencias que están grabadas en tu mente y sin ser ciertas, te limitan.

Tomate el tiempo que necesites para identificarlas y si te viene mejor puedes escribirlas aquí…

Una vez las tengas identificadas y escritas, te convido a que empieces a sustituirlas por palabras de cariño y respeto hacia ti. Te dejo un espacio en blanco para que escribas tus nuevas palabras aquí…

¿Lo hiciste?

Si no lo has hecho, ¿a qué esperas para hacerlo? No tienes nada que perder y sí mucho que ganar. ¡Pruébalo!, y comprueba los resultados. No dejes que tu mente te sabotee y te haga creer que esto es una tontería para convencerte y que no lo hagas. Además, siempre puedes volver y quedarte cómo estás. Pero como en todo: ¡tú decides!

Si eres de los que se lo han tomado en serio y lo has hecho, te doy mi más entusiasta enhorabuena, eso indica que reconoces que hay algo que te gustaría cambiar y, lo que es más importante, realmente quieres cambiar. Empieza por eliminar de tu vocabulario las viejas palabras y frases limitantes y sustitúyelas por las que has elegido para reemplazarlas y que expresan respeto y amor hacia ti. Empieza a decirte: ¡Si puedo!, y dejar de un lado los "no puedo" y las limitaciones. No permitas que tu mente te sabotee, que lo intentará cuenta con ello, y que te intente engañar tratando de convencerte de que lo que estas diciéndote con esas nuevas palabras, no es cierto. ¡Sí que lo es! y no te mereces menos…Tú eres un ser único e irrepetible que como tú no hay dos y nunca lo habrá y como hijo de Dios que eres, hecho a su imagen y semejanza, eres hermoso y te mereces lo mejor que puedas darte.

¡TÚ TE MERECES RESPETO Y AMOR!

Voy a reforzar la idea de que:

¡Si se puede!

y te diré que las palabras, todas las palabras, tienen una carga emocional consigo. Esa emoción, como ya sabrás, es el lenguaje que tu alma entiende y Dios atiende.

Por lo cual, al utilizar las palabras adecuadas se consigue, no solo que el concepto que tú tienes de las situaciones vividas e incluso el concepto que tengas de ti mismo, cambie, sino que también se consigue que Dios te escuche y active su poder en respuesta a tu plegaria.

Quiero ayudarte y si te digo que yo cambié y cambié por completo al aplicar este principio, como ya sabes, solo es para animarte a que tú también puedes hacerlo.

Pudiera ser que tu justificación para no tomarte este concepto en serio, sea que no crees en Dios ni en el Universo, por lo que puedes mirarlo de la siguiente forma:

Estarás de acuerdo conmigo que las palabras son el pensamiento hablado, por lo que es lógico deducir: que así como piensas, hablas. Si te das cuenta de ello, el resultado de esta combinación, pensamiento y palabras habladas, será lo que irá reforzando más todavía tus creencias hacia el tema que sea y ellas, tus creencias, serán a su vez las que te originen nuevamente una serie de pensamientos que te llevaran de nuevo, a volver a utilizar palabras que sean acordes con dichos pensamientos, consiguiéndose así reforzar más todavía tus creencias; creándose, como verás mi querido lector, un círculo vicioso del que, aunque difícil, es posible salir y de esa manera, nos posicionamos ante cualquier área en la vida y no solo en problemas de salud.

Sería como en el gráfico que sigue:

Es difícil cambiar nuestras creencias, más fácil es, modificar nuestros pensamientos.

Podemos pensar voluntariamente por un periodo de tiempo muy determinado y esforzándonos en ello y en la dirección que queramos, pero...

Existe un problema

La mayoría de los pensamientos ni siquiera sabemos que los pensamos, se originan inconscientemente y en base a nuestras creencias, es imposible controlar todos los pensamientos que tenemos. Pensamos todo el día a todas horas los 365 días del año, ¡es imposible ser conscientes de todos ellos!

Pero ante ese problema, existe una solución.

Podemos utilizar las palabras para decretar un nuevo tipo de pensamientos.

Me explicare mejor: Lo que sí es posible es hablarte a ti utilizando un nuevo tipo de lenguaje donde, de tanto repetírtelo a modo de mantra, a tu mente no le quede más remedio que aceptarlos como validos y sustituirlos por los antiguos, llegando con la práctica consciente a cambiar tus creencias. ¡Ah!, y una cosa muy importante a tener en cuenta: A esas nuevas palabras que estas decretando, hay que añadirles emoción, quiero decir...

¡Créetelo!

… aunque al principio cueste que te lo creas porque pueda ser que sientas que te estás mintiendo…

¡No importa!

… es como tú quieres pensar y en consecuencia, lo que quieres llegar a ser.

Con la práctica y tu constancia y tu determinación, acabarás creyéndotelo de verdad y verás como todo empieza a cambiar.

Tu mente tiene que entender que esas nuevas palabras, sumadas a las emociones que las mismas conllevan, son las que tú quieres creer.

Recuerda:

¿Quién es el dueño de ti, tu mente o tú?

Por todo lo que te he explicado, estarás de acuerdo conmigo que por algún sitio habría que comenzar si queremos mejorar nuestra vida, ¿verdad?

¿Qué tal empezar por modificar tu lenguaje y las palabras que utilizas?

¿Qué tal si empiezas por sustituir palabras que te hieren por palabras que muestren cariño y respeto hacia ti?

Podríamos empezar por ir utilizando cada vez menos las palabras que nos hieren y por lo tanto son negativas y reemplazarlas por aquellas que nos hablan con respeto y amor, que por lo tanto son positivas, y utilizarlas cada vez más.

Para explicártelo de una forma más grafica, sería como en el gráfico que sigue:

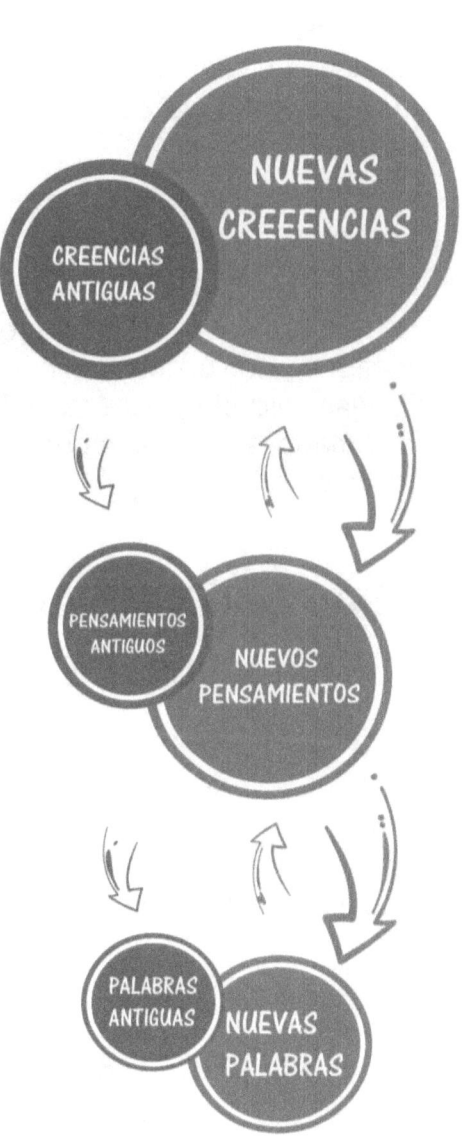

No voy a engañarte, quiero ayudarte y por eso te digo que encontraras muchas resistencias contigo mismo, y más al principio.

No te digo que sea fácil pero sí que es posible y que tú lo puedes conseguir con la práctica y no permitiendo que tus antiguas y obsoletas creencias, vuelvan a castigarte.

Verás que poco a poco, tu mente empezará a aceptar tus palabras de respeto y amor hacia ti como validas y empezarán a cambiar tus creencias de verdad.

Si quieres, te dejo prestado mi mantra, es el que yo empecé a repetirme y con el que toda mi vida empezó a cambiar. Podrías utilizarlo y para mí sería un orgullo y un placer mi amado lector, hasta que tu encuentres el tuyo propio. Es este:

¡ME ACEPTO, ME AMO, ME RESPETO Y ME PERDONO!

Por propia experiencia te digo que tu mente te intentará sabotear y se empeñará en que recuerdes cada experiencia que hayas tenido en la que tú no te aceptaste, o no te amaste, o no te respetaste, o no te perdonaste...

¡No importa!

...eso es tu pasado, aquel que tiene que morir para dar paso a tu verdadero yo. Tú sigue repitiéndotelo a modo de mantra.

¡Eso es lo que tú te mereces y no menos!

Háblate con respeto, trátate con cariño. Si en el pasado no te aceptaste o no te amate o no te respetaste o aún no te has perdonado...

¿A qué esperas para hacerlo?

Tienes que actuar, dejar a un lado tu comodidad y ACTUAR.

¡ME ACEPTO, ME AMO, ME RESPETO Y ME PERDONO!

En mi caso, mi amigo lector, creo en Dios, al igual que estoy plenamente convencido de que Él entiende las emociones y siempre buscará darte su favor, pero recuerda que nos hizo a su imagen y semejanza otorgándonos de libre albedrío, o sea otorgándonos la capacidad de elegir.

Lo que significa que:

Si eliges hablar sobre ti en negativo con la carga emocional que eso conlleva, Dios te escuchará y te dará su favor, enviando a tu vida más situaciones que corroboren aquello que sientes porque esas emociones negativas hacía ti, y aunque pueda parecer paradójico, es el mensaje que tú le transmites de lo que tú mismo quieres en tu vida.

Por ese motivo, podrás ver más claramente ahora el por qué repetimos patrones, y una y otra vez, nos suceden las mismas clases de situaciones o lo que llamamos desgracias...

¡Se lo estamos pidiendo continuamente a Dios con nuestras lamentaciones, con nuestro victimismo!

Si por el contrario, empiezas a utilizar palabras que hablen de ti en positivo, estas llevarán consigo una carga emocional positiva que Dios también escuchará y de la misma manera, te dará su favor. Estarás con ello, rompiendo con tu patrón de negatividad para no repetir las situaciones que te producen sufrimiento. Ocurre, que mientras más te hablas de ti en positivo, más cómodo te sentirás con las palabras que expresen aceptación, amor y respeto y por consiguiente, te resultara más fácil llegar a perdonar tanto a ti mismo como a los que te ofendieron.

Cuando llegas al punto de perdonarte, es como si sintieras que has vuelto a nacer

Te sientes más ligero al perdonar y perdonarte, esa fuerza, te servirá de combustible y animará a utilizar más palabras que expresen aceptación, amor, respeto y más perdón. Estarás con ello, cambiando tu forma de pensar y el concepto de ti y acerca de la vida.

Esos nuevos pensamientos de éxito y victoria, irán sustituyendo a los desfasados de derrota y fracaso. Verás que con el trabajo constante en aceptarte, amarte, respetarte y perdonarte, poco a poco, irán cambiando tus obsoletas y oxidadas creencias, y con ello… tu vida entera.

Una cosa muy importante:

No te lo tomes como algo rígido, no seas roble. Diviértete en el proceso, se flexible como el junco.

Quiero ayudarte y no te engañaré, por lo que te advierto una cosa: Puede que Dios te ponga a prueba para ver si realmente vas en serio. Esto significa, nada más y nada menos, que tengas en cuenta que romper con un patrón negativo que hemos estado manejando por muchos años depende de tu determinación y de tu constancia, o dicho de otra manera, depende de tu fe y no de que lo quieras romperlo ya, en este momento.

Todo necesita de un periodo de gestación.

Algunos lo probarán y como no ven resultados en un par de intentos, lo desestimarán como no validos y como resultado seguirán como están. Lo que indicará por otro lado, su falta de fe.

¡Esto no es una barita mágica que consigue que cambiemos sin esfuerzo!

Cambiar conlleva un esfuerzo. Para cambiar hay que actuar y tener fe. No se consigue nada a cambio de nada. Todo tiene un precio y si no quieres pagarlo...

Siempre tienes una opción: Quedarte como estás.

Afortunadamente la elección, como siempre, está en nuestras manos.

"La repetición es la madre del aprendizaje", solía repetirme una profesora, por eso, me permitiré repetirte y de una forma distinta que: si eres constante y no dejas el proceso a medias, a tu mente no le quedará más remedio que aceptar que estas determinado a cambiar y buscará la manera de que tu actúes y reacciones de forma acorde con las nuevas palabras que estas decretando, frente a las experiencias que vivas de aquí en adelante. Esta es la forma en la que Dios nos ayuda, dejando en nuestras manos la elección de que seamos nosotros los que hagamos nuestro trabajo de mejorar y cambiar y cuando no podamos hacer más, cuando ya lo hayamos intentado todo y si no hemos conseguido nuestro objetivo, tener la fe de que Él hará su parte y nos ayudará…

¡Toda elección es un acto de fe!

…y "la fe, mueve montañas", Creo haberme explicado con claridad. ¡Espero que sí! y recuerda que mi intención es la de ayudarte y no la de regañarte y que te amo, por eso te pido que repitas conmigo querido amigo lector…

¡ME ACEPTO, ME AMO, ME RESPETO Y ME PERDONO!

Y una cosa más: Te pido que lo pruebes y que juzgues por ti mismo.

Te sorprenderás de los resultados. ¡Tú cambias y todo cambia!

Yo lo hice y créeme que todo empezó a cambiar.

CAPÍTULO 16

LA FOTO DE MI VIDA

A día de hoy, si comparo mi vida con una "collage fotográfico", donde hay múltiples fotografías que cada una de ellas representan mis áreas y facetas en la vida. El tener la foto del VIH en ese "collage", pasó de ser la imagen central donde se dirigían todas mis miradas, a estar en la esquina inferior izquierda. Ocupando un lugar tan pequeño en esa esquina, que sería casi imposible de ver, si no te detienes expresamente en esa área y lo examinas con lupa.

Te confieso que, en la actualidad, la mayoría de los días, solo recuerdo que el VIH vive a mi costa y sin mi permiso, porque suena la alarma de mi móvil a las nueve de la noche para recordarme que tengo que tomar la medicación y contribuir con ello a mantenerlo a raya.

Con lo que te he explicado anteriormente, he tratado de transmitirte que mi autoestima hoy, se encuentra en un punto alto y por consiguiente si alguien me rechaza al enterarse que porto a este "huésped gorrón", no me lo tomo personal, ya que a quien esta rechazando es realmente al VIH. Esto no es que me produzca placer pero sí que evita el dolor, ya que esa persona se está perdiendo la oportunidad de conocer a la persona que porta al VIH, o sea, a mí. Con lo cual, créeme esto que te voy a decir ahora porque es muy importante: Esa persona que me está rechazando por ese motivo, en realidad me está hablando de sus creencias y de sus miedos. Me está hablando de lo desinformada que está.

La persona que rechaza, me está hablando de él mismo, de sus creencias, perjuicios, juicios y miedos

Esa persona, al rechazarme, me está hablando de él mismo y yo sinceramente, lo que siento es compasión hacia él o hacia ella. Como verás, mi concepto del rechazo ha cambiado de forma radical, al igual que mi autoestima.

¡ME ACEPTO, ME AMO, ME RESPETO Y ME PERDONO!

Me lo repito, desde hace tiempo, a diario mirándome a los ojos directamente enfrente del espejo. Al principio me costaba mantener la mirada porque no me lo creía pero aún así me lo repetía y me esforzaba en no desviar mis ojos de mi imagen reflejada.

Hoy en día cuando me miro al espejo pienso que estoy viendo a la mejor creación que Dios ha hecho jamás. Me digo: No hay nadie como tú y nunca lo habrá. Te amo…Para llegar a este punto, cuando me cepillaba los dientes, me lo repetía; me afeitaba y me lo repetía…. Ahora que lo pienso, no fue tanto el esfuerzo, son rutinas que de todas formas hacía y aún hago frente al espejo a diario y varias veces, con lo que fue fácil introducirlo como nuevo hábito en mi vida.

El resultado de esa práctica constante y así mismo lo sorprendente de la misma, fue que en cada situación de mi vida cotidiana en la que o no me estaba aceptando, o no me estaba amando, o no me estaba respetando, o no me estaba perdonando; este mantra venía a mi mente y me daba la oportunidad de rectificar, o no rectificar, mi comportamiento en el momento, ya que me hacia ser consciente de ello.

Me daba cuenta que esta elección de rectificar o no al momento, me otorgaba el poder de cambiar las cosas o que estas siguieran igual.

Me di cuenta que esta elección estaba en mi y en nadie más.

¡Es una sensación increíble! ¡Te sientes con poder!

Por propia experiencia te digo que es cuestión de elegir y elegir bien. Es cuestión de ser valiente y romper con viejos moldes. Es cuestión de atreverse y actuar.

¡Es como sentir a Dios en tu corazón!

Ahora, delante del espejo, lo repito y sonrío y me veo hasta más guapo.

Yo no soy mejor que tú ni tengo más potencial, lo que si tengo son mis experiencias y mis aprendizajes, tengo mis caídas y mis alzadas, con las lecciones aprendidas de ello y humildemente te digo que si yo he podido superar situaciones difíciles y transformarlas en mis bendiciones, tú también puedes.

Yo, solo te muestro el camino que he seguido y la manera en que lo que he conseguido con la intención de que te pueda ayudar a que creas en ti, en tu potencial que es exactamente lo que yo hice.

¿Cuál sería el mantra que a ti te ayudaría?

CAPÍTULO 17

LA GRAN REVELACIÓN: TODOS NECESITAMOS LA AYUDA DE LOS DEMÁS.

Hay conversaciones, palabras, frases que tienes con alguna persona y que en su momento, no le encuentras sentido pero a lo largo de tu vida, se te vienen a la mente de vez en cuando y las recuerdas, sin ni siquiera saber el por qué las estás recordando, lo ves hasta absurdo...piensas:

¿Por qué me estaré acordando yo de esto que esta persona me dijo hace años?

Sin encontrarle ningún sentido lógico, continúas con tu vida, no le echas cuenta y lo vuelves a olvidar. Hasta que llega el día que lo vuelves a recordar nuevamente y por algún motivo, en ese preciso momento de tu vida, esas palabras tienen un sentido diferente, como si las vieras más claras y las entendieras mejor, y te das cuenta de que eso que alguien te dijo tiempo atrás, contiene la información que necesitas que te permite aprender algo crucial y así, poder avanzar a un nivel de consciencia superior que te cambiará la vida por completo. Es, como que esas frases que han surgido de tu memoria cada cierto tiempo, contuvieran la pieza clave que resuelve un puzle y toda la información que has ido almacenando en el bagaje de tu vida, cobra sentido de una manera casi instantánea y con ello, se revela ante ti una nueva verdad.

Eso es exactamente lo que me ha pasado a mí y que en su momento no entendía pero que ahora reconozco que cada vez que recordaba esas palabras, no estaba preparado para entender su significado porque aún no había vivido las experiencias necesarias y por ello, no poseía la sabiduría como para entender y descifrar el mensaje que estaban tratando de decirme una y otra vez. No sé si esto que te acabo de describir, te pasa o te ha ocurrido a ti alguna vez pero es, lo que me dispongo a contarte.

Hace algunos años, unos treinta, estaba yo trabajando, una vez que me rehabilité por primera vez de mi adicción a la heroína, en Proyecto Hombre en la ciudad de Málaga, como ya te conté antes (y creo más de una vez, te pido disculpes mis repeticiones), y también estaba recién casado, te puedes imaginar la ilusión con la que vivía en esos momentos. En esa etapa, conocí a un monje ermitaño llamado Guillermo, que solitario, vivía recluido en una pequeña choza, según me contó él, cerca de los Pirineos al Norte de España. Aún puedo recordar su cara, lucía una gran barba canosa y su aspecto era humilde y aseado. Tuve la ocasión de hablar con él largo y tendido y su compañía era agradable. Me hacía sentir bien y en familia. A pesar de ser ermitaño, era una persona que sabía muchas cosas y entendía de casi todo, lo cual me extrañó. A la pregunta de que cómo una persona culta y de valores había tomado la decisión de retirarse a una vida en soledad, él me respondió que no estaba sólo, que Dios estaba siempre con él y le suministraba de todo lo que necesitaba y que nada le faltaba. Era una persona magnética, su mirada era penetrante pero dulce al mismo tiempo y su voz profunda y grave era casi hipnótica. Guillermo, estaba interesado en conocer de cerca el mundo de las adicciones y concretamente el de los heroinómanos y me confesó, algo que me asombró mucho en su momento como ex-toxicómano que yo era, aunque no encontré el verdadero sentido a sus palabras hasta muchos años más tarde.

Guillermo me confesó que estaba convencido que los drogadictos, y apuntaba que los heroinómanos mucho más, habían tenido una experiencia cercana de estar con Dios cada vez que se inyectaban heroína, y añadió: pero que lo hacían de una forma equivocada. Te aseguro, mi amado lector, que me costaba entender lo que él trataba de decirme, mi mente se negaba a aceptar esa idea, pero lo que más me impactó fue lo que me reveló después y que a continuación te comunico, dijo:

Para estar cerca de Dios no se pueden tomar atajos.

Esto, aparte de sorprenderme, me lo tomé en principio, como algo que provenía de un hombre que realmente no sabía el infierno que es estar en el mundo de las drogas. Sin embargo, son palabras que he recordado en ciertas ocasiones en mi vida y que hasta que hace no mucho, descubrí lo que realmente quiso decirme con ello.

Para explicarme mejor, tengo que remontarme a cuando tenía 15 años (40 años atrás) que fue cuando por primera vez en mi vida, oí hablar de los principios que rigen el Universo, somos lo que pensamos, la ley de atracción y poder de atraer a tu vida lo que deseas a través de la visualización.... Contaba con quince años y fue, cuando oí acerca de la existencia de la Tabla de Esmeralda, como es arriba es abajo, como es dentro es fuera... y de la metafísica y el mundo cuántico o mundo de las posibilidades infinitas. De hecho, en aquella época, empecé con la visualización como algo aislado, utilizando el poder mental para atraer a mi vida lo que deseaba y decidí poner en práctica si esto era cierto o no y así lo hice. Me da un poco de apuro confesártelo, mi amigo lector, pero después de todo lo que te he contado, la verdad que esto es como un juego de niños a su lado, así que... allá voy: Había un chico que me gustaba pero él era mayor que yo, tenía 18 y a mis quince, eso equivalía a decir que él era inalcanzable para mí y además... existía el "pequeño inconveniente" de que a él no le atraían los chicos.

Yo había leído que no hay nada imposible de lograr, que todo lo que deseas lo puedes conseguir con el poder de tu imaginación creativa y que solo tú te pones los límites. Así lo hice y no me los puse. Realmente quería saber si lo que había oído y lo poco que había leído sobre el poder de la visualización, era cierto o no y además el chico me gustaba mucho.

De esa manera comencé a visualizarlo tres veces al día. Imaginándome como el chico en cuestión, me decía que se había dado cuenta que yo le gustaba y que quería salir conmigo. No daré más detalles porque, aparte de ruborizarme en este momento, no vienen al caso. Lo que si te diré, es que cada vez que hacía este proceso de visualización, utilizaba toda la fuerza de mi pensamiento y acaba agotado, sin fuerzas pero aún así no desistía; y ¡cual no fue mi sorpresa!... a las tres semanas llevar haciendo rigurosamente esta práctica, todos los días, con una rutina de hacerlo tres veces al día, un sábado por la tarde que coincidimos el chico de 18 años y yo, me quedé literalmente petrificado cuando pude ver que él, empezó a hablarme de una forma diferente y para resumir me dijo: "No sé lo que me está pasando, pero desde hace unos días pienso en ti a menudo, de una manera diferente y me gustaría que quedáramos y nos conociéramos mejor". Te aseguro mi querido lector que yo, a pesar de haber estado visualizando esta situación, no me la esperaba tan pronto en absoluto y me asusté. Me asusté tanto al escuchar estas palabras que mi respuesta, provocada por el miedo, fue "salir corriendo", no literalmente pero eludí la conversación y con una excusa que no recuerdo, me fui y evité volver a verlo.

¡Había funcionado y salí corriendo!

Me asusté y pensé por mi mentalidad católica que esto era cosa del diablo y no quise volver a saber nada más del tema. Tuvieron que pasar años, muchos años después de la experiencia que te acabo de contar y cuando estaba en la etapa en la que trabajaba como terapeuta en Proyecto Hombre de Málaga, para que entrara en contacto con el mundo del desarrollo y crecimiento personal de la mano de autores, entre otros, como Paulo Coello o Louise Hay, con su libro "Usted puede sanar su vida", y empecé a decirme todos los días las frases que ella recopila en su libro: "Cada día, en todos los sentidos, voy de mejor en mejor", "Me amo, me acepto y me respeto". Siendo franco contigo, las repetía como un papagayo, sin poner mi fe en ello. No creía realmente que esto pudiera cambiar mi vida. Sólo estaba enfocado en obtener resultados y ahora entiendo que no es lo correcto y como consecuencia no mejoró en absoluto mi vida, más lo contrario, fue cuando "recaí en mi adicción a la heroína". Como puedes comprobar, mi amigo lector, no estaba en absoluto preparado para este tipo de información.

Necesite vivir, las experiencias de fracaso y soledad que tuve después en mi vida, para entender su mensaje y tener el valor de enfrentarme a mí mismo. Tener el valor de amarme, de aceptarme, respetarme y sobre todo, tener el valor de perdonarme. Por aquel tiempo además estaba ya muy enemistado y en rebeldía con todo lo que hablaba acerca de Dios, la iglesia y la religión católica por todo el daño que en el pasado me había causado con su mensaje de pecado y culpa. Con todo ello, aún así, las palabras de Guillermo me seguían viniendo a la cabeza de vez en cuando y yo pensaba extrañado que como era posible que todavía siguiera acordándome de lo que este monje ermitaño me dijo, hacia años, aquello de que los drogadictos y más los heroinómanos, tenían una experiencia cercana de estar con Dios cada vez que se inyectaban heroína pero de una forma equivocada, ya que para estar cerca de Dios no se pueden tomar atajos.

¡Seguía sin entender nada!

CUANDO ESTAMOS RECEPTIVOS, NOS LLEGA LA INFORMACION ADECUADA.

Más adelante en mi vida, y en una época en la que andaba perdido pero buscando respuestas, apareció, de la forma más inesperada, un libro llamado "El Secreto" de Rhonda Byrne. Libro que trata, aunque supongo que tú ya lo sabes, de las leyes naturales que rigen el Universo, donde se explica que somos los creadores de nuestra realidad al activar la ley de atracción y el poder de la visualización, entre otros. En esta ocasión, aunque parecía que hablaban de lo mismo, yo estaba más receptivo y el mensaje que me llegó, fue un mensaje más claro o al menos yo lo entendí de manera muy diferente que cuando tenía quince años. Todo lo que leí en ese libro, me ayudó a abrir mi mente a una nueva dimensión de la realidad. Me ayudó a enfocarme en lo que si quería para obtener los resultados que deseaba. Pero no fue hasta que conocí a autores de la categoría de Lain Gracia Calvo, quien me habló de escuchar la voz de mi alma, cuando todo tomó sentido para mí. Entendí de una manera casi instantánea que lo que Jesús predicaba, la metafísica, y lo que Guillermo me confesó años atrás, estaba todo relacionado. Las palabras de aquel monje ermitaño que se habían estado repitiendo en mi mente, hasta que entendí que...

Dios y el Universo... ¡son lo mismo!

Entendí de un plumazo, que la ley de Dios y los principios que rigen el Universo, en realidad son lo mismo pero con distinto nombre. La espiritualidad, tomó un nuevo concepto, un concepto valido para mí. Y desde ese momento, dejé de pelearme con Dios para buscar y seguir su mensaje, el mismo mensaje que Jesús nos transmitió. Supe ver también, que yo era un ser sólo mental y que no escuchaba a mi alma, a esa voz interior que me susurraba. Todo, absolutamente todo, cobró sentido de repente. Fue como si se me callera una venda que cegaba mis ojos y me permitiera comprender una realidad que había estado intentando manifestarse en mi vida, una y otra vez pero para la que yo aún no estaba preparado.

Y es que es bien cierto, aquello de:

"Cuando el alumno está preparado, aparece el maestro."

Así como también es verdad que:

"El discípulo no es más que su maestro; pero el discípulo bien formado será como su maestro."

Lucas 6:40

Mi alma, empezó a despertar del letargo al que mi mente le había estado sometiendo la mayor parte de mi vida y mi alegría fue enorme, mi corazón empezó a latir de nuevo como con el entusiasmo que aún recordaba de cuando era muy niño. Empecé por darme cuenta y asumir que había sido necesario experimentar, todas las vivencias que habían ocurrido en mi vida para llegar a estar preparado para ese momento de revelación.

¡Re-descubrí y por fin, aprendí!,

que es dando, cuando más recibes, que para recibir primero tenemos que dar y que dar significa, hacer el trabajo de conocerse a uno mismo, con humildad pero a la vez con valentía, de reconocer quienes somos, con nuestras luces pero también con nuestras sombras y perdonar y perdonarnos y aceptar y aceptarnos. Re-descubrí, que con el victimismo nos condenamos a repetir nuestros lamentos y aprendí, a dejar de culparme por las situaciones que me ocurrían.

Lo que había leído en tantos libros de autoayuda y crecimiento personal acerca de que en la vida sólo puedes tener aquello que eres y no lo que quieres, tomó sentido.

De repente, lo vi todo claro...
Entendí que el amor es la fuerza que mueve el mundo.

Comprendí que la felicidad, la plenitud, no estaba fuera de mí, donde yo siempre la había buscado.

Todas las respuestas a mis preguntas, ¡estaban dentro de mí!

Todos, tenemos todas las respuestas que necesitamos en nuestro interior, cuando lo re-descubrí y por tanto aprendí, ni mi manager, ni el ruido de mi mente, supieron ya que decirme... dejé de prestar atención a ambas y cuando parecía que más perdido estaba, una nueva sensación de calor empezó a recorrer mi cuerpo, al mismo tiempo que una dulce voz que surgía de mi interior me susurraba. Era mi alma la que me habló y ante mi sorpresa todo empezó a fluir...supe, en ese instante lo supe, que tenía que hacer con mi vida y recuerdo que:

¡Estaba tan agradecido de estar vivo!

Entendí las palabras de Guillermo, cuando me decía que no había atajos: Con la droga, estás viviendo el espejismo de la felicidad absoluta, es como estar con Dios, pero dura lo que duran sus efectos y después estas sumido en la más absoluta de las miserias.

¡No hay atajos!
Es a través del alma, como nos comunicamos con Dios.

Eso es lo que trataba de decirme Guillermo y todos los autores de los libros que había leído.

¡Todo cobró sentido!

Entendí que si practicas las leyes y principios que rigen el Universo sólo con tu mente, te crean dolores de cabeza y te agotan pero que si tu mente y tu alma van de la mano…

¡Todo es posible y la alegría es infinita!

Dar, dar, dar ahí está la clave. El trabajo del autoconocimiento y el crecimiento personal es lo que ayuda a que tu alma se vaya despertando. El ir quitando capas que te has ido poniendo a lo largo de tu vida y que usaste, en su momento, como protección hacía las agresiones externas, te libera de la angustia y hace que te encuentres con la persona que realmente eres y aunque a simple vista pudieras pensar que vas a estar indefenso ante el mundo, puede sonar paradójico pero:

¡Te sientes más libre que nunca!

Porque despiertas a una nueva consciencia y tu mente se abre, pasa a otro nivel, sientes que no estás solo, tu alma está contigo y tienes a Dios de tu lado. Cuando empiezas a dar, si DAR, dar lo mejor de ti en cada momento, en cada situación, es cuando el Universo comienza a confabularse en tu favor y te envía señales, personas, situaciones que te favorecen a conseguir tus objetivos.

¡Fue toda una revelación!

Es por eso mi amado lector, que no quiero guardarme esto como un secreto y he decidido compartirlo contigo, con el único ánimo de hacerte reflexionar con mis hallazgos y que una vez hecho esto, seas tú quien tomes tu propia decisión.

¡Nunca es tarde para conocer la verdad!

Tengo una misión y mi propósito es ayudar al prójimo, que es mi hermano por ello, me esforzaré en hacer entender que:

¡No importa cuál sea tu pasado!

Del pasado, solo hay que aprender para luego morir y dar paso al individuo que siempre tuvimos que ser y que nos negaron. Para que, con la sabiduría adquirida, podamos:

- Enseñar que el amor y la gratitud, son las fuerzas que mueven en el Universo, haciendo hincapié en la importancia de perdonar.

- Hacer comprender que todos tenemos un bagaje en esta vida y que cuanto antes aprendamos de él, antes nos liberaremos de cargas banales, tales como: el miedo, la culpa y los secretos que nos esclavizan.

- Difundir que hay que ser y estar agradecido por lo que eres y con lo que posees, como requisito indispensable para conseguir lo que anhelas.

- Entender que los sueños son importantes, que hay que luchar y trabajar en ellos. Saber lo que quieres, tener claro tu objetivo de donde quieres llegar, evitará que lo hagas a donde no deseas.

Esta es mi misión, este es mi propósito, pero también... mi responsabilidad.

Nadie me obliga a dar la cara y contar mi historia. Se a lo que me expongo. Pero... ¿sabes una cosa?...

¡Mi sueño es mayor que mis miedos!

Y necesito de tu ayuda para transmitir este mensaje a cuantas más personas mejor. Un mensaje actualizado de esperanza.

Te necesito para romper, de una vez por todas, con el estigma que rodea al VIH.

Solamente, teniendo buena información actualizada, a los tiempos de hoy, al siglo XXI; conseguiremos tener la educación adecuada, la actitud correcta para detener esta pandemia.

Al igual que los juncos:

¡Juntos, somos más fuertes!

¿Me ayudas?

CAPÍTULO FINAL

VIH VS SIDA

No me gustaría despedirme, sin antes hacer un inciso y matizar que es muy distinto tener el VIH a tener sida y puede que tú ya lo sepas, amado lector pero estoy seguro que te vendrá bien recordarlo. Si no lo sabes, nunca está de más estar bien informado.

GLOSARIO

VIH = Virus de Inmunodeficiencia Humana. Es el causante de la infección.

SIDA = Síndrome de Inmunodeficiencia Adquirida. Es la fase más avanzada de la infección por el VIH.

COMO ACTÚA EL VIH

El VIH ataca y destruye los linfocitos CD4 del sistema inmunitario que combaten las infecciones. La pérdida de linfocitos CD4 dificulta la lucha del cuerpo contra las infecciones y ciertas clases de cáncer. Sin tratamiento, el VIH destruye gradualmente el sistema inmunitario y aparece el sida.

COMO SE TRANSMITE EL VIH

- Sangre
- Semen
- Líquido pre-seminal
- Secreciones vaginales
- Secreciones rectales
- Leche materna

COMO NO SE TRANSMITE EL VIH

El VIH solo se transmite por los medios antes mencionados. Cualquier otro tipo de contacto físico no transmite el VIH.

¿SIENDO INDETECTABLE SE PUEDE TRANSMITIR EL VIH A OTRA PERSONA?

No, la cantidad de virus en los líquidos corporales mencionados anteriormente no es suficiente para que el virus pueda ser transmitido.

Pero una cosa....

Te dije que este libro no trataría acerca de terminología médica y científica sobre lo que es y cómo actúa el VIH en el cuerpo humano, ni trataría acerca de cómo actúa el nuevo coctel de antirretrovirales (TAR) en su lucha de detener la multiplicación del virus hasta llevarlos a niveles de "indetectable" en la persona, que como yo, los hospeda de manera indeseada, ni que tampoco lo haría, hablando acerca de la profilaxis pre-exposición (PrEP) o tratamiento para que las personas que no portan el VIH pero que quieren estar prevenidos contra su infección, puedan hacerlo.

Te dije que no iba a hacerlo y… ¡no lo haré!

Lo que si haré, es recordarte que existen asociaciones, algunas de las cuales te dejé sus nombres y enlaces en anteriores páginas, donde puedes recurrir si necesitas información o ayuda al respecto. Ellas, te van explicar las cosas que quieras y necesites saber, mucho mejor y de una manera más profesional que un servidor.

Yo, solo te he contado mi historia y mi transformación personal con la humilde intención de ayudarte a reflexionar y evolucionar. Espero, de corazón, haberlo conseguido.

¡GRACIAS MIL, POR HABER LLEGADO HASTA EL FINAL!

TE AMO, MI QUERIDO LECTOR

TESTIMONIOS DE LOS LECTORES

Querido lector, me gustaría darte un mensaje y pedirte que me ayudes.

Escribir este libro, "Yo...positivo", ha sido una dura tarea en la que he tenido que enfrentarme con muchos desafíos y superar barreras, la mayoría impuestas por mi mente, por los prejuicios que tenía a hablar abiertamente acerca de tener el VIH en mi cuerpo. Si lo he conseguido, ha sido gracias a entender que solo la verdad es lo que nos libera de la esclavitud de creencias obsoletas que nos anclan en conceptos equivocados y nada actuales. Mi la única intención es que al superar todos estos retos, llegue a ti su mensaje con la esperanza de ayudarte a que pueda serte útil en tu vida, independientemente de que tu tengas a este huésped gorrón recorriendo tu cuerpo.

Recuerda que me gusta ser junco y que como los juncos...juntos somos más fuertes. Por ello, te pido, que como ellos, te unas a la COMUNIDAD DE JUNCOS y me hagas un tremendo favor: Hazte una foto con el libro, y mejor si lo acompañas de un pequeño testimonio con tu opinión acerca de lo que te ha parecido "Yo...positivo" y en que te ha ayudado.

Esa será realmente mi recompensa ante el esfuerzo realizado.

Me puedes mandar tu foto con tu testimonio a mi página de Facebook: Fernando Díez Pablos (@fernando10positivo) o si lo prefieres a mi correo: fernandodiezpablos@gmail.com. Prometo responder a todos y cada uno de los mensajes que me enviéis.

¿Me ayudas?

MIL GRACIAS DE ANTEMANO

Y recuerda que no estás solo y que te amo, mi querido JUNCO.

A la derecha: Julieta Gatica (Psicóloga), Argentina, me dice: "Este libro tiene en sus páginas destellos de esperanza y crecimiento a partir de lo que solemos denominar como dificultad, que lo que esconde es una gran oportunidad de Crecimiento del Alma y Contribución. Gracias, Gracias, Gracias por este libro!!!"

A la izquierda: Mi nombre es Soloa Dafne Iris de Argentina y de profesión médica, especialista en Medicina Laboral. Ella opina: "El libro "Yo...positivo" trae consigo un conocimiento actualizado del VIH, con links por si quieres saber más acerca del tema y además posee uno de los mensajes más importante para recordar y es que todos podemos ser Fernando o tener un amigo o un familiar y con este libro te sentirás invitado a descubrir un mundo de posibilidades aún cuando creas que todo acabó".

Otros no pueden esperar y mandan su testimonio con la foto del libro, aún con el envoltorio de Correos

A la derecha: "Mi nombre es Alejandro Cardoso Mendoza, ingeniero civil y soy de Colombia. Yo pienso Fernando que tu libro tiene un mensaje poderoso. Y quiero leerlo ya que tu historia es fuerte y como superaste todo es como resurgir de las cenizas."

A la izquierda, Gabriela Alejandra Caputo (Argentina): "Fernando, creo que tu libro describe y refleja perfectamente todo el proceso, las dificultades y los desafíos por el cual has pasado para llegar a descubrir quién sos y a que has venido a este mundo.. que todo lo vivido no es en vano, porque al expresarlo le das la oportunidad a muchas personas a que encuentren su camino si deciden superarse. Sos un ejemplo de que SÍ SE PUEDE!!!."

Doris Azua desde México me dice: "Una historia brillante escrita en un libro. ¡Felicidades! Fernando, te esperamos en México para conocer tu libro."

¡ESPERO LA TUYA PRONTO!

MI RECOMENDACIÓN

Quisiera aprovechar estas páginas finales para recomendarte el libro "La Voz de tu Alma" que a mí me transformó la vida desde que lo leí, lo estudié y apliqué sus principios, contribuyendo a enriquecer mi existencia.

Toda la saga de volúmenes de Laín, su autor y mi mentor, me han ayudado a que abra los ojos a una realidad renovada, donde las palabras de VICTORIA, FE Y ESPERANZA, han sustituido a las de derrota y de fracaso.

Querido lector, no quería despedirme de ti, sin antes agradecerte que hayas llegado al final de "Yo... positivo". Espero que disfrutaras con su lectura, así como confío, haya hecho reflexionar sobre tu vida, contribuyendo a mejorarla.

No quiero decirte ¡adiós!, mi confidente y amigo lector, sino ¡hasta la vista!, deseando verte en los siguientes volúmenes. Me quedan muchas cosas que contarte.

Te amo

Puedes encontrarme en:

 Fernando Diez Pablos

 Fernando Diez Pablos
@fernando10positivo

 Fernando Diez Pablos
@yo_positivo

www.ingramcontent.com/pod-product-compliance
Lightning Source LLC
Chambersburg PA
CBHW022004160426
43197CB00007B/260